H. BOURDE DE LA ROGERIE

LA
FRONTIÈRE DE LA BRETAGNE

ET DE LA NORMANDIE

Près de l'Embouchure du Couesnon

Extrait des *Mémoires* de la Société Archéologique d'Ille-et-Vilaine,
t. XLIII (2ᵉ partie) et XLIV (1ʳᵉ partie).

RENNES

IMPRIMERIE DU " JOURNAL DE RENNES "
4, Rue Leperdit, 4

1914

LA FRONTIÈRE DE LA BRETAGNE

ET DE LA NORMANDIE

Près de l'embouchure du Couesnon

LA FRONTIÈRE DE LA BRETAGNE

ET DE LA NORMANDIE

Près de l'embouchure du Couesnon

La plupart des historiens et des géographes ont écrit que le Couesnon formait jadis dans la partie inférieure de son cours la limite entre la Bretagne et la Normandie : cette assertion n'est pas rigoureusement exacte. Quelques petits territoires situés sur les deux rives du fleuve furent contestés entre les deux provinces pendant des siècles : on peut même dire que le débat qui avait survécu à la suppression des provinces n'a été définitivement clos que par une décision législative récente : la loi du 1er août 1888.

Ces territoires étaient, sur la rive *gauche* du Couesnon, la paroisse de Cendres, qui a été partagée le 16 février 1790 entre les communes de Pontorson (Manche) et de Pleine-Fougères (Ille-et-Vilaine);

Sur la rive *droite*, le terrain des Petites Verdières, revendiqué par la commune de Saint-Georges de Gréhaigne (Ille-et-Vilaine) et attribué à la commune de Moidrey (Manche) par l'ordonnance royale du 2 novembre 1814;

Enfin à l'embouchure de la rivière, les Grèves où elle se déplaçait librement jusqu'à ce que la construction d'un chenal en 1857-1858 ait définitivement fixé son cours.

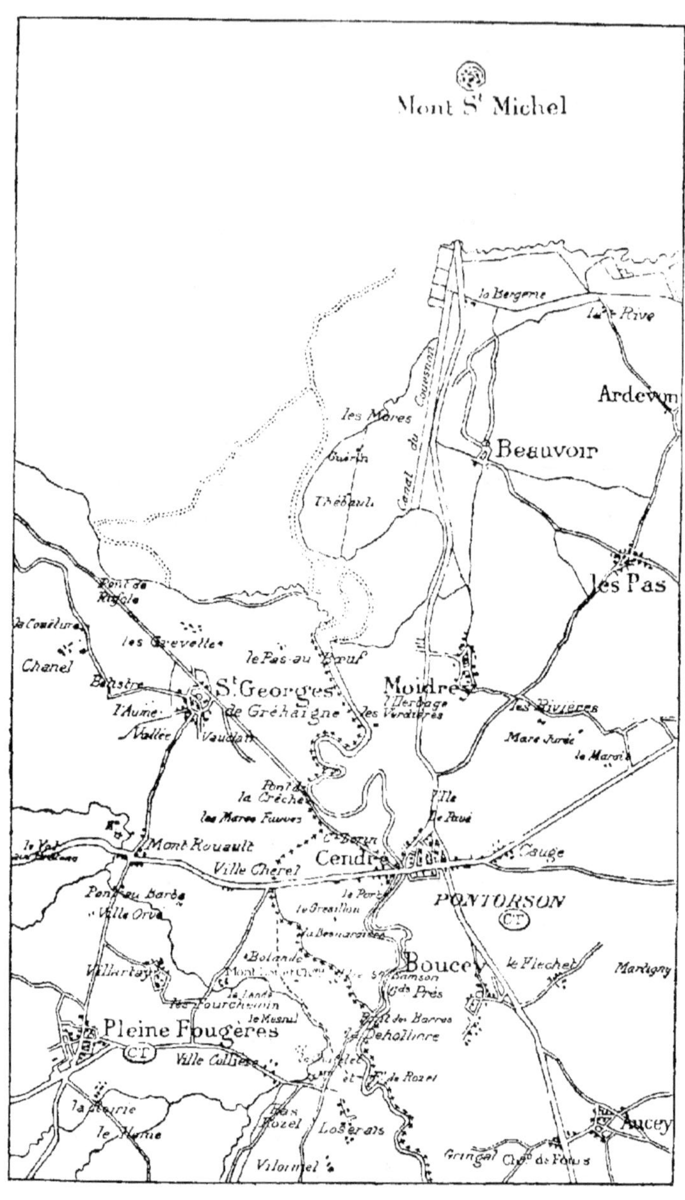

La carte ci-dessus a été établie d'après la carte au 80.000ᵉ (carte de l'État-Major), édition de 1874. La partie normande de Cendres était comprise entre le Couesnon et la limite actuelle des départements : la partie bretonne se trouvait entre cette limite et la ligne de points marquée au Sud-Ouest. — Cette carte ne correspond ni à l'état ancien, ni à l'état actuel de la région : les terrains normands situés à l'Ouest de Beauvoir ont été conquis à la fin du XVIIIᵉ siècle ou au commencement du XIXᵉ ; la canalisation du Couesnon et plusieurs routes sont de création plus récente. D'autre part, depuis 1874, la « coupure des Méliardières » a modifié le cours du Couesnon et les travaux de la Compagnie des Polders de l'Ouest ont amené la conquête de plusieurs kilomètres carrés au Nord du rivage tel qu'il est indiqué sur la carte.

Nous étudierons successivement l'histoire des négociations entre les deux provinces — ou départements — au sujet de la propriété de Cendres, des Petites-Verdières, des grèves et des polders de la Baie. La question de Cendres nous retiendra plus longtemps que les deux autres, car c'est à ce litige que se rapportent les actes les plus anciens et les plus nombreux : ces documents paraissent susceptibles de fournir quelques renseignements nouveaux sur les relations entre la France et la Bretagne jusqu'à la fin du XVe siècle et sur l'organisation administrative et judiciaire de la marche normande et bretonne jusqu'à la fin de l'Ancien Régime.

I

CENDRES

1° *Des Origines à la fin du XVIe siècle*

La petite paroisse de Cendres (1) avait une superficie d'environ 250 hectares; au XVIIIe siècle, elle comptait 400 communiants dispersés en six villages : le Bourg, le Port, la Croix-Lorin, la chaussée de Villecherel, la Déholière, l'île Saint-Samson. L'agglomération la plus importante était groupée autour de l'église et de l'hôpital construits à quelques pas du pont de Pontorson. Vers l'Ouest, aucune frontière naturelle ne la

(1) Le tome VI des *Mémoires de la Société d'Archéologie d'Avranches* (p. 71) renferme une courte *note sur la paroisse de Cendres* par M. A. Rimasson qui n'apprend rien sur l'histoire de cette localité.

séparait de Pleine-Fougères; vers l'Est, au contraire, dans la direction de Pontorson et des paroisses normandes, le Couesnon semblait lui offrir une limite certaine. Cependant, au XVIIIe siècle, les Etats de Bretagne affirmaient que la paroisse possédait sur la rive *droite* du Couesnon une maison dite « La Grenouillère » et quelques champs enclavés au milieu d'héritages appartenant sans contestation à la paroisse de Pontorson.

A l'exception de l'île Saint-Samson, tout le territoire de la paroisse était formé par un terrain marécageux. En amont et à l'Ouest du bourg, les marais étaient inondés pendant tout l'hiver. Depuis un siècle et demi, la construction de la chaussée de Villecherel a modifié l'état des lieux; cependant, au Sud de cette levée, le marais est encore fréquemment couvert d'eau et le mamelon rocheux sur lequel est bâti le village de l'Ile. Saint-Samson redevient vraiment une île. Ce village, qui conserve le nom du plus célèbre évêque de Dol, fut jadis une paroisse. Une bulle du pape Alexandre IV (1254-1261) adressée à l'abbé de Marmoutiers mentionne *parrochianos ecclesie Sancti Samsonis de Insula, Dolensis diocesis* (1). On voit encore dans la cour de la ferme une très intéressante cuve baptismale qui date du IXe ou Xe siècle.

Cendres était aussi un sanctuaire très ancien, si on doit le reconnaître dans l'*Ecclesia de monasterio Sande* (2)

(1) Guillotin de Corson, *Pouillé historique du diocèse de Rennes*, t. V, p. 161-462.

(2) *Ecclesiam de monasterio Sande et campum Blocci et dimidium molendinum, super fluvium que dicitur Sanda situm, et sex acras de marisco et prata ad quatuor carra foeni.* — *Campus Blocci* est aujourd'hui le Champ-

qui fut donnée à Marmoutiers vers 1060 par Hamon, fondateur du prieuré de Sougeal. Cette donation comprenait encore la moitié de l'église de *Sala* — une autre église disparue — la moitié d'un moulin sur la rivière de Sande, six acres de marais et des prairies; elle fut confirmée par Conan II, comte de Bretagne (1). Cette confirmation tendrait à prouver qu'au XIe siècle le comté de Bretagne s'étendait jusqu'au bord même du Couesnon et on peut citer dans le même sens le don fait avant 1034 à l'abbaye de Saint-Georges de Rennes par Haduisse, mère d'Alain, comte de Bretagne, d'un moulin situé à Pontorson (2).

Après le XIe siècle et jusqu'aux enquêtes du XVe siècle qui seront analysées ci-après, on ne trouve plus aucune mention de Cendres. La paroisse existait cependant; elle subsista jusqu'en 1790 et fit toujours partie du diocèse de Dol. Mais, au temporel, la plupart des habitants, appelés Cendrillons, étaient assujettis aux impôts établis en Normandie; aussi disait-on que les Cendrillons appartenaient au Bon Dieu de Bretagne et au Diable de Normandie. Cependant les villages de la Déholière et de l'île Saint-Samson échappaient à la

Blot (commune de Sains). — La traduction de *Sanda* par Cendres présente cette difficulté que le fleuve voisin n'a jamais porté d'autre nom que Couesnon. Par contre, on doit noter que le prieuré de Sougéal possédait encore au XVIIe siècle un petit fief à Cendres, près de la Déholière.

(1) Guillotin de Corson, *Pouillé*, t. II, p. 112, et t. V, p. 462-463. — Dom Morice, *Preuves*, I, 410. — Geslin de Bourgogne et A. de Barthélemy, *Anciens Évêchés de Bretagne*, Paris et Saint-Brieuc, 1864, in-8°, t. IV, p. 389.

(2) *Quondam molendinum situm apud Pontem Ursi*. P. de la Bigne-Villeneuve, *Cartulaire de l'abbaye de Saint-Georges de Rennes*, Rennes, 1876, in-8°, p 107.

fiscalité normande; ils étaient administrés et régis par les Bretons. La paroisse était donc partagée mais c'était un *modus vivendi* qui n'avait pas acquis force de loi. Continuellement des protestations furent formulées par les Bretons ou par les Normands qui voulaient rattacher tout le territoire de Cendres à leur province respective (1).

Avant de retracer l'histoire des longs démêlés auxquels donna lieu la question de Cendres, il parait indispensable de rappeler que la situation de cette paroisse, quelque bizarre qu'elle fut, n'avait rien d'absolument exceptionnel. Au Sud du pays nantais, les trente-trois paroisses des marches *communes et avantagères* étaient contestées entre la Bretagne, le Poitou et l'Anjou; les quinze paroisses des marches communes étaient complètement indivises entre deux provinces (2). Plus près de Cendres, le Petit-Maine situé entre Bâzouges et Louvigné-du-Désert (Bretagne), Saint-Mars et Saint-Ellier (Maine) prétendait échapper aux impôts du Maine et de la Bretagne. Sur la frontière méridionale de la Normandie, Vaucé, Lesbois et Saint-Fraimbault étaient partagés comme Cendres entre deux provinces; dans chacune de ces paroisses, il y avait un *canton* du Maine et un *canton* de Normandie. La situation n'a été régularisée et simplifiée qu'en 1821 et 1831.

Les limites des diocèses ne concordaient pas toujours

(1) Toutefois, les Etats de Bretagne, en 1746, reconnaissaient que la maison dépendant de Cendres qui se trouvait sur la rive *droite* appartenait pour le temporel à la Normandie.

(2) B. Pocquet, *Histoire de Bretagne*, Rennes, 1913, in-4°, t. V, p. 636-637; appendice : *La carte de Bretagne*, par Henri Gaillard.

avec celles des provinces; sept paroisses du comté nantais dépendaient de l'évêque de Luçon, mais deux paroisses du Poitou et dix-huit de l'Anjou faisaient partie du diocèse de Nantes. L'évêché de Dol possédait quatre paroisses dans la Haute-Normandie; Domfront et le Passais normand relevaient de l'évêque du Mans; le diocèse de Rouen s'étendait sur la plus grande partie du Vexin français.

On n'attachait pas jadis la même importance que de nos jours à la simplicité et à la précision des divisions administratives (1). Les habitants de la rive gauche du Couesnon vivaient au milieu d'un singulier enchevêtrement religieux et civil. Pleine-Fougères et Cendres étaient les dernières paroisses de l'évêché de Dol vers l'Est, mais en remontant la vallée du Couesnon, on trouvait la Fontenelle, Rimou et Saint-Rémy-du-Plain qui appartenaient au même diocèse quoiqu'elles fussent entourées de tous côtés par des paroisses de l'évêché de Rennes. Le ressort des sénéchaussées différait des circonscriptions ecclésiastiques : Cendres, Vieuviel et Songeal appartenaient à la sénéchaussée de Bâzouges et Fougères, mais Pleine-Fougères, Sains, Saint-Georges de Gréhaigne, Roz-sur-Couesnon étaient soumis à la sénéchaussée de Rennes à l'exception de quelques villages qui dépendaient les uns de Fougères (La Poultière, Mauny), les autres de Dinan.

Au point de vue des obligations féodales, la complication était plus grande encore. Le comté de Combour

(1) On sait que, par contre, beaucoup des divisions administratives actuelles ont l'inconvénient grave d'avoir été établies sans aucun souci des traditions, des affinités de race et des convenances locales.

s'étendait jusqu'à Cendres, mais cette seigneurie ne formait pas un domaine continu. Le fief plus voisin de Landal avait des vassaux dans presque toutes les paroisses de la région, ainsi que l'évêque et le chapitre de Dol, l'abbesse de Saint-Georges, les seigneurs de Trans, de Launay-Morel, du Châtellier, etc.

Les documents relatifs aux contestations et aux « incidents de frontière » entre la Normandie et la Bretagne remontent au XIVe siècle. Pour les temps antérieurs et pour ce qui concerne l'origine même de la question, on ne peut faire que des hypothèses plus ou moins plausibles. On doit être particulièrement prudent en ce qui concerne l'époque gallo-romaine. Il serait téméraire d'affirmer que les *civitates* et les *pagi* avaient des frontières plus précises et mieux déterminées que les grands fiefs et les évêchés du Moyen-Age. Il est vraisemblable cependant que le territoire des *Abrincates* correspondait à peu près à l'ancien diocèse d'Avranches (1). On sait en effet qu'en Neustrie, comme dans toute la Gaule, les évêchés avaient généralement la même circonscription que les *civitates*. En ce qui concerne l'Avranchin, ou diocèse d'Avranches, deux villages conservent le nom caractéristique d'Yvrande (2); ils marquent la frontière des Abrincates à l'Est vers les *Bajocasses* ou les *Diablintes*, au Sud vers les *Redones*.

(1) Notons cependant que quelques archéologues imbus de l'idée que les peuples appelés *maritimes* par César habitaient le bord même de la mer, et ne sachant sur quel rivage placer les Redones ou les Diablintes, leur ont attribué une partie de l'Avranchin : le territoire compris entre le Couesnon à l'Ouest, et la Sélune, voire même la Sée à l'Est.

(2) Yvrande, commune du canton de Tinchebray, arrondissement de Domfront, Orne. — Yvrande, village de la commune de Saint-Aubin-de-Terregatte, canton de Saint-James, arrondissement d'Avranches, Manche.

Au temps de saint Pair et de saint Aubert (VIe et VIIIe siècles) le diocèse d'Avranches comprenait le mont Tombe ou Mont Saint-Michel (1); il s'étendait donc jusqu'au Couesnon, mais il n'y a aucune raison de penser qu'il s'étendit plus loin. Ce fleuve, si modeste qu'il soit, formait une frontière sérieuse : les émigrants bretons ne le dépassèrent point; nombre de noms de lieu attestent leur séjour dans les paroisses de la rive gauche : Cuguen, Pancoet, Caremel, Lantiman, Carlac, Roz, *Hyrhana*, l'île Saint-Samson, Lanrigan (ces deux derniers villages sont situés à quelques pas du Couesnon) (2); on ne trouve aucun nom breton dans les paroisses de la rive droite (3).

Le diocèse d'Avranches fit partie de la Normandie

(1) Le mont Tombe, ou Mont Saint-Michel, n'est pas nommément cité dans la vie de saint Pair, mais un estimable érudit normand, M. le chanoine Pigeon, a produit des arguments sérieux qui tendent à établir que le monastère de Mondane, placé sous la juridiction de l'évêque d'Avranches, se trouvait sur le rocher illustré deux siècles plus tard par l'apparition de saint Michel.

(2) Pancoet, Caremel, Lantiman sont compris dans la commune de Cuguen; Carlac est en Saint-Broladre; Roz-sur-Couesnon est une commune; *Hyrhana* est depuis le XIVe siècle Gréhaigne; Lanrigan (qu'il ne faut pas confondre avec la commune du même nom du canton de Hédé) est près de la limite de Sougeal. — Les noms de la plupart des personnages mentionnés dans les chartes du haut moyen-âge concernant la région de Sougeal et Pleine-Fougères ont également un caractère très breton : Gingomar, Main, Caradoc, Gradeloc, Judhal, Rivallon, etc.

(3) Il est impossible d'admettre l'origine bretonne qu'un philologue éminent, M. C. Joret, a attribuée aux noms de Saint-Hilaire-du-Harcouet et de Landivy (*Des caractères et de l'extension du patois normand* dans le *Bulletin de la Société des antiquaires de Normandie*, t. XII, année 1884). Pour Saint-Hilaire, en particulier, les formes anciennes établissent que *Harcouet* n'a rien à voir avec *Ar Coet* : le *Bois*. C'est le nom d'un seigneur de cette ville au XIIe siècle, Hasculfus ou Harcoué, malencontreusement précédé de la préposition *de*. Cf. Saint-Georges-*de*-Reintembault qui tire son nom de *Restembaldus de sancto Georgio* mentionné dans le cartulaire du Mont Saint-Michel.

de même que les diocèses de Rennes et de Dol furent
compris dans la Bretagne, dès l'origine de cet état.
Les documents ne permettent pas de connaître le tracé
précis des limites des diocèses voisins antérieurement
au XI⁰ ou au XII⁰ siècle. A cette époque, sauf près
de Pontorson, la frontière était fixée telle qu'elle subsiste encore de nos jours entre les départements de
l'Ille-et-Vilaine et de la Manche, bien que cette frontière
fut déterminée par des cours d'eau insignifiants ou par
des lignes conventionnelles. C'était en partant de l'Est
le Ruisseau Français qui se jette dans l'Airon à peu de
distance du Ruisseau Normand, limite du Maine et de
la Normandie, puis tantôt le Loir, le Beuvron, le Tronçon et leurs affluents, tantôt des lignes idéales. La
frontière court généralement de l'Est à l'Ouest, tandis
que jusqu'à Cogles les rivières coulent du Sud au Nord
dans la direction de la Sélune; aussi est-elle souvent
obligée d'abandonner les cours d'eau pour couper les
plateaux ou les crètes qui séparent les vallées voisines.
Les noms portés dès le XII⁰ siècle par la commune
des Loges-Marchis et par les villages de la Marche (Louvigné-du-Désert et Saint-Brice de Landelles) attestent
l'antiquité de la frontière (1), mais il est vraisemblable
que plus anciennement la région qui s'étend à quatre
ou cinq lieues au Sud de la Sélune et qui est baignée
par ses affluents, l'Airon, le Loir et le Beuvron, fut

(1) *L'aumône de la Marche* (Louvigné) fut donnée à Savigny par Raoul
de Fougères (C. Aubry, *Histoire de la Congrégation de Savigny*. Rouen,
1896, t. I, p. 150); en 1172, la même abbaye reçut *forestam de Marchis*
(Louvigné et Montault). Le fief des Marches (Saint-Brice de Landelles)
fut donné à Montmorel au XIII⁰ siècle (Dubosc, *Cartulaire de Montmorel*,
Saint-Lô, 1878, in-4°, p. 146).

disputée entre Normands et Bretons. Dans ce pays, les camps et fortifications en terre sont très nombreux; ils attestent que les luttes furent vives (1); les noms de Landelles et de Terregatte (*terra vastata*) ou du Désert conservés par quatre communes normandes et deux communes bretonnes (2) rappellent que ce territoire, qui avait été habité aux époques gauloise et gallo-romaine, fut plus tard dévasté et rendu désert.

La construction par Robert le Diable ou Guillaume le Conquérant des châteaux-forts de Pontorson, de Chéruel et de Saint-James, la concession à la maison de Fougères de terres importantes dans le Sud du pays de Mortain firent cesser les incidents de frontière. Au XIIe siècle, Normands et Bretons étaient d'accord au sujet des limites de leurs provinces, sauf toutefois en ce qui concernait la terre de Montdaigné, près de Saint-James, « *que terra semper fuerat in calumnia et castilate inter Normanniam et Britanniam* ». Les nombreux seigneurs qui avaient des prétentions sur ce domaine le donnèrent en 1150 à l'abbaye de Savigny; Montdaigné ou Mondenier fut pour la plus grande partie compris dans les limites de la Normandie (3).

(1) Vicomte Le Bouteiller, *Histoire de Fougères*, Rennes, 1912, t. I, p. 276-277: dans les arrondissements d'Avranches et de Mortain, les « haies de terre » et les camps sont aussi nombreux que dans la région bretonne : on en voit à Saint-James, au Jalours, à Buais, etc. Une charte du XIIe siècle décrit le tracé du grand fossé qu'un ancien comte (*vetus comes*) de Mortain fit faire aux Loges-Marchis (Desroches. *Annales civiles, militaires et généalogiques du pays d'Avranches*, Caen, 1856, in-4°, p. 126).

(2) Saint-Aubin et Saint-Laurent-de-Terregatte, Saint-Brice et Saint-Martin-de-Landelles (Manche), Bazouges et Louvigné-du-Désert (Ille-et-Vilaine).

(3) Cette terre était aussi appelée *de Columpniis* (des Chalonges); elle fut donnée à Savigny par Pierre de Saint-Hilaire (du Harcouet), Guil-

Par contre, il semble bien que la Bretagne empiéta sur le sol normand au Nord-Ouest du bourg de Saint-Ouen-la-Rouerie. La frontière quitte en ce point la rivière du Tronçon qu'elle suivait depuis une dizaine de kilomètres, elle remonte au Nord et englobe un territoire de trois ou quatre kilomètres carrés que tout semblait devoir rattacher à la vicomté de Saint-James. La frontière — toute conventionnelle — joint le Couesnon sur la rive droite un peu en amont du Gué Périer, passage que défendait du côté normand le château de Chéruel. Pendant sept ou huit kilomètres seulement, le petit fleuve délimite les deux provinces; il traine ses eaux troubles et lentes au milieu de prairies marécageuses et difficiles à franchir et il arrive enfin à Pontorson.

L'existence d'un pont à cet endroit facilitait les relations entre les habitants des deux rives, mais elle donnait une valeur particulière aux villages qui commandaient ce pont à l'Est et à l'Ouest. Les archéologues normands croient qu'il n'était pas d'origine très ancienne, que la voie romaine qui mettait Avranches en communication avec Alet et Corseul franchissait le Couesnon au Pas-du-Bœuf et qu'elle fut détournée vers le Sud lorsque les progrès de la mer rendirent le gué difficile à franchir. Au passage nouveau, un pont fut

lanne de Carnet, Pierre Cordouan, etc. La charte de P. de Saint-Hilaire est aux archives de la Manche (série H, Savigny); la confirmation accordée par Raoul de Fougères se trouve à la bibliothèque de Rouen (mss. 3122, nº 5). G. de Carnet ajouta à sa concession le don d'un terrain *juxta sorsion fontis as Fees* : la source de la Fontaine ès fées (Desroches, *Annales*, p. 131). Mondenier est compris dans la commune de Saint James; les terres dépendant du village s'étendent dans la commune du Ferré (Ille-et-Vilaine).

construit par un seigneur qui était un Normand, ainsi que l'atteste le nom germanique conservé par Pont-*Orson*. Pour défendre cet ouvrage, un château fut bâti au XIe siècle par Robert le Diable (1), qui construisit aussi à deux lieues au Sud de Pontorson le château de Chéruel (2). Ainsi que nous l'apprend Guillaume de Jumièges, le duc de Normandie voulait arrêter les entreprises d'Alain, comte des Bretons : « Le duc leva contre lui une armée innombrable et, non loin du fleuve Coisnon, il édifia le château de Caruel ou *Carrucas* pour défendre la frontière normande et dompter l'arrogance de son présomptueux adversaire. » Le fils de Robert le Diable, Guillaume le Conquérant, fonda le château de Saint-James dans le même dessein : *ne jamilici prædones ecclesiis inermibus nocerent* (3).

Le château de Pontorson fut réparé par Henri Ier et

(1) Chronique de Normandie (*Recueil des Historiens de la France*, t. XI, p. 324) cité par Gerville, *Recherches sur le Mont Saint-Michel et sur les anciens châteaux de la Manche*. Caen, S. D., in-12.

(2) Commune de Sacey, canton de Saint-James. Sur les ruines de ce château, voir les *Recherches* de Gerville (p. 130), qui a confondu la famille normande de Chéruel avec la famille bretonne du même nom, originaire des environs de Morlaix. Le château existait encore au XIVe siècle (voir S. Luce, *Histoire de Bertrand du Guesclin*, p. 540). Nombre d'auteurs bretons (Ogée; A. de la Borderie, *Histoire de Bretagne*, t. III, p. 9, etc.) ont placé Caruel ou Carrucas à Cherrueix, ce qui est en contradiction avec le texte de Guillaume de Jumièges. Cette identification a eu du succès : les *Guides* signalent à Cherrueix les ruines d'un château-fort, et récemment on nous a montré ces ruines, qui sont les contre-digues élevées aux XVIIIe et XIXe siècles près de la chapelle Sainte-Anne.

(3) Guillaume de Poitiers et Guillaume de Jumièges cités par Gerville, *Recherches*, p. 131 et 113. Entre Chéruel et Saint-James se trouvait la forteresse de Montaigu, en Montanel, qui fut détruite en 1361. — Toutes ces forteresses n'empêchaient point les Bretons de venir piller la Normandie; les historiens du Mont Saint-Michel racontent que les religieux firent fondre une grosse cloche qu'ils sonnaient lorsque les Bretons passaient la frontière.

reconstruit ou augmenté par Henri II, duc de Normandie et roi d'Angleterre. Il vint lui-même à Pontorson au mois de septembre 1158; il donna des ordres à ses architectes et à ses officiers et il offrit la ville naissante avec ses églises et ses chapelles à l'abbaye du Mont Saint-Michel. Les conditions de la donation royale lésaient sur quelques points les droits de l'évêque d'Avranches et du curé de Boucey. Des chartes qui, au cours des années suivantes, corroborèrent ou expliquèrent la donation royale (1), nous ne retiendrons que ce seul renseignement : au XIIᵉ siècle, Pontorson n'était pas encore paroisse : le château avait été construit sur le territoire de Boucey. Est-ce à Henri II, qui disposait des églises de Pontorson sans se soucier des droits de l'évêque et du curé du lieu, que remonte l'emprise normande à l'Ouest du Couesnon, ou bien doit-on l'attribuer à Robert le Diable ou à Guillaume le Conquérant? Il était dans les traditions de la famille des ducs de Normandie de faire passer l'intérêt de la défense de leurs états avant toute autre considération. Au mois d'avril 1067, Guillaume le Conquérant reconnut avec une belle franchise qu'il s'était emparé du bien d'autrui pour édifier le château de Saint-James : *Bellis ingruentibus, ob meæ terræ defensionem, cum locus magis idoneus ad id videretur, castellum extruxi; quo facto multa illi que ibi non pertinebant attribui* (2). On

<hr>

(1) L. Delisle, *Chronique de Robert de Torigny*, Rouen, 1872, in-8°, t. I, p. 313; t. II, p. 26, 266, 315.

(2) Charte de l'abbaye de Fleury publiée par V. Ménard, *Histoire de Saint-James*, Avranches, 1897, in-8°, p. 117-419

doit reconnaitre que la sécurité du château de Pontorson
exigeait qu'un ouvrage fut construit pour protéger la
tête du pont vers l'Ouest (1). Or, l'usurpation de l'emplacement nécessaire ne pouvait embarrasser Henri II
et le triste souverain qui possédait alors la Bretagne
n'était pas homme à s'y opposer. Conan IV accompa-
gnait Henri II dans son voyage à Pontorson et en
Basse-Normandie. Le 29 septembre 1158, à Avranches,
il lui céda le comté de Nantes en attendant qu'il lui
livrât, en 1166, toute la Bretagne. Si Henri II prit la
peine de lui demander les quelques champs dont il avait
besoin, pour compléter les fortifications de Pontorson,
Conan IV, « ce lâche et imbécile prince » (2), n'eut
garde de les refuser. Les ouvrages projetés menaçaient
spécialement les seigneurs de Fougères et de Combour
qu'il considérait comme ses adversaires, car, meilleurs
patriotes que leur souverain, ils refusaient de ratifier
les honteux traités de 1158 et de 1172 (3). Les terrains
usurpés ou cédés relevaient de ces seigneurs, car lorsque des donations d'immeubles situés dans le « terrain » ou dans les marais de Songeal, de la Déholière

(1) Les tours sur le Pont, ou tours *Brettes*, sont clairement désignées
dans un acte de 1419, mais elles existaient antérieurement à cette époque.
Est-il besoin de noter que le nom *Brettes* ne signifie pas qu'elles avaient
été construites sur le sol breton, comme on le dit plus tard (voir p. 33),
mais qu'elles se trouvaient du côté de la Bretagne? Ce nom a la même
origine que ceux des portes de Bretagne ou de Normandie, des portes
brettes ou des portes normandes, qui existaient dans plusieurs villes
voisines des frontières.

(2) Cette qualification sévère, mais juste, est de M. de la Borderie
(*Histoire de Bretagne*, t. III. p. 273).

(3) Henri II passa quinze jours à Pontorson au mois de mai 1171: il y
reçut la soumission de Guyomar de Léon (*Chronique de Robert de Torigni*.
t. II, p. 26).

et de Villecherel furent faites à Marmoutiers au XIe siècle, à Rillé en 1143, au prieuré de Dol vers 1220, ces dons furent confirmés par Main et Raoul de Fougères et par Hasculphe de Soligné, seigneur de Dol (1). Les villages de Villecherel et de la Deholière ne furent pas enlevés à leurs seigneurs et ils continuèrent d'appartenir à la Bretagne, mais les marais qui en dépendent furent dès lors revendiqués comme normands. Ces marais n'avaient aucune valeur au XIIe siècle; à l'exception des quelques maisons qui pouvaient subsister près de l'ancien monastère de Cendres, ils étaient inhabités. Les seigneurs voisins les offraient volontiers aux abbayes normandes et bretonnes, abandonnant ainsi au courage et à la patience des moines le soin de les dessécher et de les mettre en valeur; les abbayes de Marmoutiers, de Rillé, de Saint-Florent, du Mont Saint-Michel, de Savigny, de Saint-Georges de Rennes, de Montmorel reçurent ainsi des portions des rives du Couesnon, à Sougeal et à Cendres, à Caugé, à Boucey, à Pontorson et à Moidrey. Dans ces marécages, si la frontière de la province était incertaine, les limites des paroisses étaient également douteuses et les riverains ne jugeaient pas utile de les fixer de façon certaine. On s'occupa dès 1274 de répartir entre Roz-sur-Couesnon et Saint-Georges de Gréhaigne les terres marines

---

(1) Pour la donation faite à Marmoutiers et au prieuré de Sougeal, voir *Supra*, p. 7. — Fondation de l'abbaye de Rillé dans les *Preuves* de Dom Morice, t. I, col. 850. Au XVIIe siècle, Rillé possédait à Cendres le fief de la Déholière, comprenant 15 journaux. (Arch. d'Ille-et-Vilaine, 1 H³ 11). — Donation au prieuré de Dol d'une dime à Villecherel *tam in marisco quam in alio territorio* (Arch. de Maine-et-Loire, II. 3332).

qui s'étendent au pied des anciennes falaises (1), mais
le partage des marais du Couesnon eut lieu beaucoup
plus tard; au XVIIIe siècle, les marais de Caugé étaient
encore indivis entre les paroisses de Pontorson, de
Moidrey, de Curey et de Boucey (2). Ces marais et ceux
de Sougeal n'ont été lotis entre des particuliers qu'au
XVIIIe siècle. Près de Cendres, le marais du Mesnil est
encore la propriété collective des habitants des villages
voisins.

La construction des moulins du pont de Pontorson
mentionnés dès 1180 et l'établissement d'un étang qui
alimentait les fossés de la ville et du château diminuèrent
encore la valeur agricole des terres qui entourent la
ville (3). Les Bretons du XIIe siècle furent vraiment
excusables de considérer le dommage porté à leur pays
comme négligeable.

Le droit des Normands sur une partie de Cendres,
qu'il tirât son origine d'une conquête, d'une cession
ou d'une usurpation, fut consolidé par la fondation
de l'hôpital Saint-Antoine. Cet établissement, qui existe
encore, est un des plus anciens du pays, car il fut institué le 3 février 1115. On ignore si la maison-Dieu se
trouvait à l'origine sur la rive droite ou sur la rive
gauche du Couesnon, mais au XIVe siècle elle était

(1) Arch. d'Ille-et-Vilaine, série II, cartulaire du chapitre de Dol, dit
Liber Alanus.

(2) Notes sur l'histoire de Pontorson, transcrites vers 1770 par N.-F.
Le Roy de Brée (Arch. de Mme Bourde de la Rogerie, d'Avranches).

(3) Il existait cependant quelques cultures près de la *chaussée* — chaussée
des moulins ou chaussée de la route de Bretagne? Deux jardins situés en
ce lieu furent donnés, en 1233, par Gautier Menfrée à l'abbaye de Montmorel (Dubosc, *Cartulaire de Montmorel*, p. 233).

certainement à gauche. Les droits spirituels de l'évêque
de Dol et les droits temporels des magistrats normands
sur cette maison ne furent jamais contestés (1).

La question de l'emplacement de la frontière ne se
posa pas du XIIe au XIVe siècle avec la même acuité
qu'aux siècles suivants. Au début du Moyen-Age, les
seigneurs normands et bretons vivaient assez généralement en bonne intelligence. Plusieurs archevêques de
Dol furent des Normands (2); la maison de Soligné, qui
posséda aux XIIe et XIIIe siècles la baronnie de Combour, était d'origine normande et elle amena dans la
région de Dol de nombreux compatriotes : les Farcy,
les Fleché, les d'Argouges; Normands également étaient
les Painel. seigneurs d'Aubigné, les Malemains, ancê-
tres maternels de du Guesclin, qui possédaient des terres
à Sens. Par contre, les barons de Fougères avaient
reçu des fiefs très étendus dans le comté de Mortain; les Saint-Brice étaient seigneurs de Virey. Les
Bretons faisaient bénéficier de leurs libéralités les abbayes normandes aussi bien que les abbayes bretonnes.
Le Mont Saint-Michel et Savigny (3) recueillirent plus

(1) Les Archives d'Ille-et-Vilaine possèdent (série M, dossier de la délimitation du département) des copies des actes de fondation (1115) et de
restauration (1317, 1353) de l'hôpital et d'établissement des Frères de la
Charité (1644-1645).

(2) Rolland 1er (1093-1107), Roger du Hommet (1190-1199), Rolland II
(1177-1187), Henri (1188), Jean de la Mouche (1190-1199). Les premiers
abbés de la Vieuville vinrent aussi de Normandie.

(3) Nous ne pouvons songer à énumérer les terres qui furent données
à Savigny dans le pays de Fougères et au Mont Saint-Michel dans la
région comprise entre Pontorson et Cancale. Aux environs de Pontorson,
Savigny reçut encore une partie des marais de Boucey et de Moidrey, et
une pêcherie à Cherrueix. L'abbaye de Montmorel possédait des terres et
des polders à Saint-Marcan, à Roz et à Paluel.

de dons en Bretagne que les monastères des diocèses de Rennes et de Dol (1) n'en obtinrent en Normandie. Cette province reçut plus qu'elle ne donna (2), ce qui s'explique par l'autorité des familles féodales normandes et par le prestige des grandes abbayes situées en dehors des frontières de Bretagne.

La situation changea quelque peu après la réunion de la Normandie à la Couronne. Les rois de France confièrent volontiers la garde de la ville et du château de Pontorson à des capitaines bretons, à des membres des familles de Dinan et d'Avaugour qui amenèrent dans ce pays des compatriotes. C'est ainsi qu'Alain d'Acigné reçut d'Henri d'Avaugour une redevance sur les moulins de Pontorson; il la céda en échange d'une terre à Macey. Saint Louis lui donna en outre des terres à Ardevon, Beauvoir, les Pas, Tanis et Huisnes; un fief important de la paroisse d'Ardevon conserva le nom d'Acigné ou Assigné (3). En 1376, Charles V donna la ville et la chatellenie de Pontorson à Bertrand du Guesclin; le connétable connaissait déjà ce pays qui était le berceau de la famille de sa mère; il

(1) L'abbaye de la Vieuville était une colonie de l'abbaye de Savigny.

(2) L'abbaye bretonne la mieux gratifiée sur la rive normande, mais par des seigneurs bretons, fut Saint-Georges de Rennes, qui possédait des terres à Boucey et à Moidrey : ce fut l'origine de l'enclave des Petites Verdières revendiquée par la paroisse et la commune de Saint-Georges-de-Gréhaigne. Les barons de Fougères donnèrent quelques parcelles de leurs biens patrimoniaux dans les paroisses de Courtils, de Moidrey, etc., à l'abbaye de Rillé, qui posséda ainsi dans l'Avranchin les prieurés de Courtils, des Loges-Marchis et de Martigny. C'était les seuls prieurés normands dépendant d'abbayes bretonnes. Les abbayes normandes possédaient les prieurés de Mont-Dol, Montouaut, Saint-Broladre, Saint-Méloir, Villamée, Paluel et trois granges cisterciennes.

(3) Desroches, *Annales...,* p. 240, 363. — Ménard, *Saint-James,* p. 95.

avait commandé le château comme capitaine avant d'en
devenir seigneur (1). Il fit exécuter des travaux importants aux fortifications, il agrandit l'étang qui s'étendit
jusqu'à un village de la paroisse de Curey que l'on
nommait encore au XVIIIe siècle le Glesquin (2).

Des Bretons comme les d'Avaugour, comme B. du
Guesclin, comme O. de Clisson qui lui succéda à Pontorson, ne pouvaient considérer la région qui s'étend
à l'Ouest du Couesnon comme un pays étranger. Leur
intérêt personnel s'opposait même à ce que leur autorité fut bornée dans cette direction par des limites
rapprochées et précises. Cependant, peut-être à l'occasion des travaux d'agrandissement des fossés et de
l'étang, Bertrand du Guesclin voulut faire reconnaître
la frontière des deux pays; ainsi que nous le verrons
plus tard, il semble bien que la borne frontière qu'il
fit placer avec une certaine pompe attribuait à la ville
de Pontorson et, par conséquent, à la Normandie une
petite banlieue sur la rive gauche du Couesnon.

Quelques années plus tard, lorsque les Anglais, maî-
tres de toute la Normandie, furent solidement établis
à Pontorson, les Bretons de Cendres, de Pleine-Fougè-

(1) Le beau livre de S. Luce, *Histoire de Bertrand du Guesclin* (Paris,
1876), in-8°, fournit les plus précieux renseignements sur le rôle joué par
Bertrand à Pontorson jusqu'à 1364. Il était entouré de nombreux Bretons:
le capitaine, peu fidèle, de Mordaign, en Montanel, est appelé par S. Luce
p. 256) Guillaume de *Mucclien*; on doit lire Mutelien, nom d'une vieille
famille de Dol.

(2) Notes de N.-F. Le Roy de Brée. — Du Guesclin acquit, en 1375
ou 1376, près de Pontorson, la seigneurie de Cormeray (P. Le Cacheux,
Les Pouillés du diocèse d'Avranches d'après l'édition de M. Longnon, Evreux,
1910, broch. in-8°). — Des travaux particulièrement importants furent
faits aux fortifications de Pontorson en 1369, 1410, 1469, 1474, 1479.

res, de Saint-Georges de Gréhaigne eurent de terribles
voisins, peu respectueux de la neutralité que prétendait
observer le duc de Bretagne.

Le recouvrement de la Normandie ne rendit pas
l'état des marches sensiblement meilleur. Charles VII,
Louis XI et Charles VIII eurent soin de ne plus attribuer la capitainerie de Pontorson à des gentilshommes
bretons; l'état presque constant d'hostilité ou de mé-
fiance qui régna dès lors entre la France et la Bretagne
aurait rendu un tel choix imprudent. Les gouverneurs
et leurs hommes traitèrent sans douceur leurs voisins
de l'Ouest; les officiers de justice et de finance crurent bien faire en étendant leur circonscription au
détriment du territoire ducal. Les ducs protestèrent :
les excès, les « merveilleux exploits » commis par les
officiers du Roi forment un des plus persistants sujets
de doléances adressées à la Cour de France. A l'appui
de ces plaintes, les Bretons produisirent parfois les
procès-verbaux d'enquêtes faites pour constater les mé-
faits des Pontorsonnais. Ces enquêtes avaient un grave
défaut : elles n'étaient pas contradictoires, aussi ne
doit-on pas ajouter complètement foi à tous les dires
recueillis par les enquêteurs envoyés par le Duc. Ces
magistrats étaient imbus de l'idée que le Couesnon
était la frontière « légitime » des deux provinces et
que, par conséquent, tous les actes accomplis sur la
rive gauche par les officiers et les magistrats de Pontorson constituaient des violations de territoire et des
excès de pouvoir.

Nous n'avons pu découvrir de documents antérieurs

au XVIIe siècle exposant la thèse opposée, la thèse normande ou française. Nous avons au contraire pour le « côté breton » une importante série de pièces.

La plus intéressante est une très longue enquête qui fut faite au mois d'août 1474 par les principaux magistrats de Haute Bretagne : Olivier du Breil, sénéchal, Roland du Breil, alloué, et Jacques de la Villéon, procureur de la sénéchaussée de Rennes; Jean Raguenel, sénéchal de Fougères, et Noël de Texue, lieutenant du capitaine Bertrand du Parc. Les enquêteurs étaient assistés de Guion du Margaro et de Pierre Allès (1), notaires de la Cour de Rennes. Vingt-six témoins furent entendus, qui appartenaient deux à Cendres, dix à Saint-Georges de Gréhaigne et quatorze à Pleine-Fougères.

Les plus lointains souvenirs de ces braves gens remontaient au temps où « régnait » le connétable Bertrand du Guesclin, c'est-à-dire aux années 1359 à 1380. Thomas Légier fit le 17 août une déposition particulièrement précise. C'est le seul passage du procès-verbal d'enquête qui ait été cité par certains historiens bretons (2) :

« Il ouit dire par plusieurs fois à Jeanne Bourdin, sa mère, qui est décédée environ 20 ans qu'elle avoit oui dire à Guillaume Bourdin, son aieul, père de son

____

(1) D. Morice (*Preuves*, III, col. 276) a lu « de la Villeroux » au lieu de « la Villéon »; R. du Breil dit « Alleman », au lieu de « R. du Breil et P. Allès ».

(2) Dom Morice. *Preuves*, t. III, col. 275 276. Les Archives d'Ille-et-Vilaine possèdent trois copies médiocres de l'enquête exécutée au XVIIIe siècle; une seule est complète (C. 3777).

père, qui avoit vu le débat des séparations de Bretagne et de Normandie entre le Roy et le Duc, lequel débat avoit été au temps que régna messire Bertran du Glesquin, qui étoit connétable de France, que pour apaiser ladite différence furent baillés de la part du Roy des commissaires, et autres commissaires de la part du Duc et que par eux fut appointé le lieu et l'endroit que devoit faire la séparation de Bretagne et de Normandie. Et fut banni en la marche (1) de Pontorson et commandé aux sujets du Roi de venir audit lieu de Pontorson, et aussi, de la part du Duc, fut en la marche de Bretagne banni et commandé aux sujets du Duc d'aller audit lieu de Pontorson. Et à iceluy jour, y avoit eu grande affluence de peuple et mesme y fit on aller grand nombre d'enfans ausquels pour avoir mémoire de ce qui fut fait, fut donné et jeté grand nombre de noix. Et en la présence de tout le peuple et desdits enfants, qui y estoient présents, fut mise et assise une borne entre les moulins qui en celuy temps étoient édifiéz audit lieu de Pontorson et le cours ancien de la rivière de Couesnon pour séparer et faire la différence entre les pais de Bretagne et de Normandie. »

Le même jour, Pierre Roxart (2), de Pleine-Fougères, âgé de 85 ans, raconta que soixante-dix ans auparavant il avait vu la fameuse borne; elle était « haute d'en-

(1) Dom Morice a lu en le *marché* et il a omis le membre de phrase « *et commandé...* jusqu'à *banni* ».

(2) Au lieu de Pierre Roxart, D. Morice a lu « les experts Roxadoe ». — Le nom Roxart, assez répandu à l'Ouest de Pontorson, devint au XVIIe siècle Roussart

viron deux pieds et demi (pied) de laise en chacun
costé et estoit armoyée, d'un costé, devers les terres
de Normandie des armes de France, et du costé devers
Bretaigne estoit armoyée des armes de Bretaigne;...
et dit qu'il vit un nommé Rogier de Merée, demeurant
audit lieu de Pontorson, qui se mettoit à carefourchon
sur ladite borne et disoit qu'il estoit normand d'un
costé et breton de l'autre... » Roxart, Legier et Pierre
Bethon, de Cendres, indiquaient le même point comme
emplacement de la borne, mais deux autres témoins
racontèrent qu'elle avait été placée dans le Couesnon.
Mathurin Grignart, de Pleine-Fougères, déposa qu'il
avait entendu plusieurs fois dire à Jehan Grignart,
son père, que la pierre était placée au fond de la rivière — singulier endroit pour planter une borne! —
« et que quand l'eau d'icelle rivière estoit petite l'on
la véoit bien au cler, et que une fois qu'il estoit grande
sécheresse, et l'eau d'icelle rivière bien petite, sondit
père et autres en sa compaignie étoient descendus au
lieu ou estoit ladite pierre et l'avoient vue et visitée...
Quand les eaux d'icelle rivière estoient grandes, ceux
qui passoient par auprès des lieux où estoit ladite
pierre jetoient des pierres en l'eau en disant : « Voiez
« là où est la borne et division des pais de Bretaigne
« et de Normandie..... » et dit que l'on tient notoirement et communément que ladite borne estoit esdits
lieux située, et que la rivière de Couaisnon fait le
département des pais de Bretaigne et de Normandie
dempuis Sougeal jusques à la mer. »

Soit parce que la distribution de noisettes avait

frappé la population, soit plutôt parce que le grand nom de Du Guesclin conservait un rare prestige dans la région qu'il avait gouvernée et qui était presque sa patrie, l'établissement de la borne limitative ne fut pas oublié par les riverains du Couesnon. Le poteau armoyé des armes de France et de Bretagne a été maintes fois mentionné dans des mémoires rédigés pour la défense des intérêts bretons. Des auteurs contemporains ont cru le reconnaître dans le Rocher Buquet, une roche naturelle fort peu semblable à une borne qui se trouve dans la partie Sud du marais du Ménil, à trois kilomètres à l'Est de Pleine-Fougères. Cette identification est certainement inexacte; dès 1474, les habitants du pays n'étaient pas d'accord sur son emplacement véritable, les uns le mettaient dans le Couesnon, les autres le plaçaient sur la terre ferme et beaucoup plus près, semble-t-il, du château de Pontorson que de la limite de Cendres et de Pleine-Fougères. Quelque part que cette borne fut placée, le fait même que les commissaires du Roi et du Duc avaient jugé indispensable de l'ériger prouve qu'au XIVᵉ siècle on n'était pas convaincu que le Couesnon fut la limite certaine des deux pays.

Ce petit monument ne subsista pas longtemps : d'après tous les témoins, il disparut à l'époque de l'expulsion des Anglais, vers le milieu du XVᵉ siècle, mais, dès avant cette date, si les habitants de Cendres et du « marais débatif » (1) crurent que la décision du con-

(1) Ce mot désigne très clairement le marais qui est *en débat*; on le trouve dans plusieurs documents du XVᵉ, XVIᵉ et XVIIᵉ siècles relatifs à Cendres. Il subit plus tard une curieuse transformation. Dans le frag-

nétable serait respectée et qu'ils seraient désormais à l'abri des exigences des Normands, leur joie fut courte. Un poteau indicateur, quelqu'armorié qu'il fut, n'était pas suffisant pour arrêter l'activité des agents du Roi. On lit dans les demandes présentées à Angers en 1394 par les ambassadeurs de Jean IV :

« Que le Roy partist la détention du moulin Breton, près Pontorson, et des deux tours dites Brettes, situées sur la rivière de Couesnon, et la Maison-Dieu et autres terres sises entre Coesnon et Ville Cherel, qui estoient du duché de Bretagne, et qu'il baissast la chaussée des moulins devant Pont-Orson (1) qui fouloient les prés et marests, et endommageoient les terres de Bretagne jusques au Pont d'Antrain.

« *Item* que la rivière demeurat commune, combien que le Roy y prétendist garenne et droit prohibitif de pescher dont il avoit esté décerné enqueste pour informer des droits » (2).

Les plaintes du Duc ne furent pas écoutées : les moulins subsistèrent et, peu d'années après, en 1417 et en 1422, des travaux importants furent faits aux abords du château. La conquête de la Normandie par les Anglais donna à Pontorson une valeur stratégique particulière; aussi la ville fut-elle nombre de fois atta-

ment de l'enquête publié par D. Morice (col. 276), on a imprimé que « la Cour de Bretagne avoit la juridiction desdits lieux à Baliza », au lieu de « desdits lieux débatifs ». A l'exemple du savant Bénédictin, les auteurs de mémoires du XVIIIe siècle parlèrent du marais de Batifa ou de Batisa.

(1) La chaussée des moulins établis sur le Couesnon n'était pas une construction nouvelle : elle est mentionnée dans les comptes de l'échiquier de Rouen de 1180, mais Du Guesclin l'avait fait surélever.

(2) B. d'Argentré, *Histoire de Bretagne*, livre IX, chap. XXII.

quée par les belligérants. Prise par les Anglais en 1418, reprise par les Bretons alliés aux Français, conquise encore par les Anglais en 1427, elle redevint définitivement française en 1449.

Bien entendu, les paysans des campagnes voisines furent les premières victimes de la guerre. Les témoins entendus en 1474 racontèrent longuement les maux que leurs pères avaient soufferts : des Anglais s'emparèrent d'habitants de Saint-Georges de Gréhaigne « et les mirent à rançon et leur firent beaucoup d'oppressions »; dans cette paroisse ainsi que dans celle de Cendres, ils exigèrent la taille quoique les fouages eussent été payés au Duc; des habitants des Vieilles Salines furent « courus et exécutés par lesdits Anglais qui lors estoient demeurants en la ville d'Avranches et avoient prins leur avoir et amené à Avranches »; ils furent contraints de faire le guet au château de Pontorson. Et, d'autre part, « lorsque le duc Jehan fut pris (1) les demeurants au village des Vieilles Salines furent contraints de faire un archer pour aller à la guerre au recouvrement du Duc lequel avoit nom Michel Villegué ». Enfin les habitants de ce village des Vieilles-Salines devaient faire « par force le guet au Mont Saint-Michel. » ... « Dient outre (les témoins) que à l'occasion de l'oppression que l'on a donné aux demourans oudit village des Vieilles Salines tant du party de Bretaigne que du party de Normandie, les demourans esdites Salines et ès lieux débatifs ont délaissé

(1) Capture du duc Jean V à Chantoceaux par les Penthièvre au mois de février 1420.

à demourer esdits lieux et sont allés demourer en Bretaigne et autres lieux » (1). Un seul habitant, Guillaume Le Molnier, était resté dans le village; il était si pauvre qu'il n'avait rien à craindre des collecteurs de taxe anglais ou français.

Tout semblait permis aux garnisons voisines dans ce malheureux territoire de Cendres, de nationalité douteuse et, par conséquent, dépourvu de protecteur ou de défenseur certain. Peut-être les Cendrillons essayèrent-ils de tirer quelque avantage de leur situation ambiguë : ils tâchaient de se faire protéger par les Anglais contre les Français, ou par les Français contre les Anglais, ou par les Bretons contre les uns et les autres, mais ils ne réussissaient le plus souvent qu'à se faire rançonner par les trois partis. Notons toutefois que quelques témoins, Guillaume Dufresne, Philippot Pommier semblent avoir trouvé légitime qu'on les ait contraints à faire le guet au château. Ils étaient allés de leur plein gré chercher un abri derrière les murailles « parce que les Anglois estoient à Bécherel (2) et autres lieux en Bretaigne qui faisoient des courses souvent audit marais; et pour obvier esdites courses et que leurs biens ne fussent prins ne ravis par lesdits Anglois se retiroient eux et leurs biens en ladite ville de Pontorson qui étoit

(1) Les habitants de l'Avranchin cherchèrent également un asile en Bretagne : d'Argentré évaluait à 25.000 ménages le nombre des réfugiés (*Histoire de Bretagne*, liv. IV, chap. XVII). Sur les réfugiés de Dol, « la pluspart natifs de la feu ville de Pontorson et des Marches d'environ », voir D. Morice, *Preuves*, t. III, col. 1288, et *Mandements de Jean V*, t. IV, p. 78-79, 115.

(2) Les Anglais de Bécherel furent assiégés par les Bretons en 1371 et en 1371. (D. Morice, *Histoire*, I, p. 344.)

plus à leur aise et plus près que nulle autre place... »

Les Anglais reconnurent parfois, d'ailleurs, qu'ils étaient allés trop loin : ils consentirent à renvoyer quelques paroissiens de Saint-Georges qui protestaient contre le service du guet. Une enquête même fut faite en 1418 par des commissaires anglais et des commissaires bretons au sujet d'un incident intéressant; il est regrettable que cette enquête n'ait pas été conservée, car elle fournirait des renseignements sur la petite flottille armée par Yves Priour-Vague de Mer et autres braves défenseurs du Mont Saint-Michel. Nous ne savons de l'affaire que ce que raconta le 18 août 1474 le témoin Guillaume du Fresne. Vers 1417 ou plutôt 1418 (1), « il étoit au bourg de Saint-Georges de Gréhaigne auquel lieu il vit une grande assemblée de gens et disoit-on lors que c'estoit commissaires du party de Bretaigne et commissaires du party des Anglais qui pour lors estoient à Pontorson (2)... qui là estoient

(1) La date de 1417, donnée approximativement par le témoin, ne peut être exacte, car les Anglais ne s'établirent dans l'Avranchin qu'en 1418, mais l'enquête fut certainement faite avant 1420. En effet, la *Chronique du Mont Saint-Michel* (publiée par S. Luce, Paris, 1879, t. I, p. 22), nous apprend que le Couesnon changea de cours en 1420 et vint passer entre le Mont et Tombelaine; or, comme on va le voir, lors de l'enquête anglo-bretonne rappelée par G. du Fresne, il passait tout près du rivage de Saint-Georges.

(2) Le 15 mars 1418, Henri V, roi d'Angleterre, nomma Jean Fortescu « capitaine, gouverneur et administrateur général des gués, loges et sauniers de dessus de la coste de la mer »: le 17 avril, il désigna deux commissaires pour apprécier les dommages causés aux Bretons par ses sujets: il ordonna à ses capitaines à Avranches, Saint-James et Pontorson d'arrêter les pillards et d'en faire prompte justice (*Rôles de Bréquigny*, nos 325, 1361, 1365, cités par M. Lebreton, *L'Avranchin pendant la guerre de Cent Ans*, Caen, 1879, in-8°, p. 134-135). — De son côté, le duc envoya en juillet 1419 Richard de Bretagne et quelques troupes pour faire la chasse aux coureurs anglais près de Pontorson; il avait lui-

assemblez pour s'enquérir et informer par exprès si la
rivière de Couesnon et le cours d'icelle depuis Sougeal
jusques à la mer étoit du pays de Normandie ou de
Bretagne, ou si cette rivière faisoit la séparation et
division desdits pais, et estoit principalement à l'occasion d'une complainte (ainsi que le témoin ouit dire)
qu'un nommé Le Monnier et Le Charpentier (1) qui
étoient demeurants au Mont Saint-Michel, avoient fait
au duc Jehan, disants que néanmoins qu'ils eussent
amarré un leur vaisseau et navire en ladite rivière de
Couesnon entre le Mont Saint-Michel et la Poultière (2)
et que le vaisseau fut plus près de la coste de la rivière et du terrain qui est devers ledit pays de Bretagne que du costé d'icelle rivière qui est devers Normandie, et par ce moyen ès franchise et ou terroir de
Bretagne, néantmoins lesdits Anglois demourants audit
lieu de Pontorson avoient brulé iceluy vaisseau et rendu
inutile, et avoient supplié lesdits Charpentier et Le Monnier au Duc leur faire faire réparation pour ce que le
Duc et son pais n'étoit pour lors en guerre vers lesdits
Anglais... » L'enquête faite à Saint-Georges établit
que sur la côte de cette paroisse, le Couesnon faisait
la limite des deux pays et que le vaisseau brûlé était
plus près de la rive bretonne que de la rive normande.

même passé à la Poultière en 1419; il alla à Pontorson au mois d'octobre
1420 (D. Morice, *Histoire*, t. I, p. 470; Blanchard, *Mandements de Jean V*,
t. II, p. 255).

(1) On peut lire Lemonnier ou Lemasnier : Jehan Lemasnier, prêtre,
était en 1470 un des procureurs généraux du cardinal d'Estonteville, abbé
du Mont Saint-Michel. — Plusieurs Le Charpentier ou Le Carpentier
furent soldats ou bourgeois du Mont Saint-Michel. (O. de Poli, *Les Défenseurs du Mont Saint-Michel*, Paris, 1895, in-12, p. CX.)

(2) Important village de la commune de Roz-sur-Couesnon.

« Pour quoy il fut conclu par lesdits commissaires, suivant l'opinion des témoins, que ledit vaisseau estoit au pais de Bretagne et qu'il devoit être compris sous la paix et trève que les Bretons avoient avec les Anglais, et partant fut dit et ordonné par lesdits commissaires que le forfait d'avoir brûlé ledit navire devoit être réparé et amendé... et dit avoir ouy dire à plusieurs personnes... que ladite réparation fut faite tellement et en telle forme que lesdits complaignants furent bien contents. »

Les complaignants eurent une chance rare s'ils eurent lieu de se montrer « bien contents ». Les évêques de Dol manifestaient d'autres sentiments. Vers 1478, l'un d'eux présenta au conseil du Duc de longs articles et remontrances au sujet des terres des marais entre Couesnon et Villecherel et Saint-Georges « sur le joissement desquelles terres le vicomte de Pontorson meet desbat et empeschement. » L'évêque donnait d'abord sur la situation des lieux des renseignements peu exacts, car il affirmait que le Couesnon formait la limite de la Bretagne depuis le Gué-Perroux : or, le Couesnon commençait à servir de frontière une lieue et demie plus haut. Il déclarait ensuite que les habitants de la rive gauche appartenaient au diocèse de Dol, ce qui ne fut jamais contesté; il présentait enfin à l'appui de la nationalité bretonne de Cendres des arguments plus sérieux. Les tours *brettes* qui défendaient le château vers l'Ouest et l'entrée du pont et l'empatement des murs du château étaient construits sur le sol breton comme le rappelaient les armes de Bretagne qui y

avaient été mises, mais étaient grattées depuis un an.
« Item pour ce que aucun des nobles de Bretaigne qui
avoient fez ès environs de ladite ripvière devers Bretaigne comme le sieur de Beitbaays (?) et le sieur de
Traan (Trans) au temps que les moulins (du pont de
Pontorson) étoient moulans et en estat, lesdits nobles
avoint et prénoint part en la mouture du prochain
moulin desdites tours Brettes; »

« *Item*, ès temps passé, par avant la guerre à la
Fayée, (lors) que aucun malfectour avoit desservi estre
banni du pais de Normandie, il estoit mené par la justice dudit pais jusques à ladite ripvière de Coaynon et
non plus avant, en signe quant avoit passé ladite ripvière qu'il estoit hors de Normandie » (1).

D'après ce mémoire, la rivière faisait la limite pour
la levée des droits sur les marchandises de Normandie
et de Bretagne; le seigneur de Combour levait sa coutume jusqu'au Couesnon; les fermiers des impôts ordon-
nés par le Duc les avaient toujours perçus à la Maison-
Dieu et à la Déholière; le « maître école » de l'église
de Dol et autres décimateurs y levaient leurs dîmes
sans opposition; les seigneurs ne relevaient que du
duc; par exemple le seigneur de Combour, l'abbesse de
Saint-Georges, Robert de Vaucler, Raoul du Boschet;
ces seigneurs possédaient des salines et levaient le
salage sans opposition; l'abbé du Mont Saint-Michel,
pour son prieuré de Montrouaut, et l'abbesse de Saint-
Georges faisaient dans les grèves tendre aux oiseaux.
L'évêque qui rappelait l'établissement de la borne fron-

(1) Archives de la Loire-Inférieure, E. 188.

tière, placée d'après lui entre la ville et les tours brettes, affirmait même que du temps de l'occupation de
Pontorson par les Anglais il avait été reconnu que le
Couesnon formait la limite des deux pays. Nous doutons que cet accord ait jamais existé et nous croyons
plutôt que l'acte visé par l'évêque est celui qui suivit
l'enquête anglo-bretonne de 1418, mais cet accord concernait le Couesnon entre Saint-Georges et le Mont
Saint-Michel et non pas entre Cendres et Pontorson.
Enfin, les doléances se terminaient par cette péroraison
qui était de nature à émouvoir le conseil du Duc :
l'usurpation des officiers de Pontorson « n'est à tolérer
ne souffrir, car ce seroit usurpation, entreprise et entrée
sur le pays du Duc, qui pourroit tourner à grant conséquence et plus grande entrée oudit pays du Duc ».

Une nouvelle enquête fut ordonnée. Faite le 3 et
4 avril 1480 par Jehan de Rollon et Guillaume Le
Bascle, commissaires du sénéchal de Fougères, elle porta
presque exclusivement sur les abus commis depuis peu
d'années par les Normands. En 1474, les Bretons
avaient cherché à prouver que Cendres appartenait à la Bretagne; en 1480, ils semblent convaincus
que la démonstration est bien établie et ils représentent
comme d'incontestables outrages à l'autorité ducale
tous les actes accomplis par les officiers de Pontorson
au-delà du Couesnon. Un seul témoin, Jehan Auffray,
de Villecherel, aborda la question de principe, mais
imbu de l'idée que la circonscription civile devait coïn-
cider avec la circonscription ecclésiastique, il s'évertua
à rappeler des faits établissant que l'autorité de l'évê-

que de Dol sur Cendres était reconnue par les Pontorsonnais — ceux-ci ne songèrent jamais à la discuter :
« *Item*, dit ce témoin, que quand ceux dudit lieu de
Pontorson veulent jouer ès marays par deçà Couaisnon
au joignant de l'ospital, entre iceluy lieu de l'ospital
et la ripvière de Couaisnon, ...et y jouèrent puis trois
ans derrains le mistère de Saint Anthoine, et estoient
tous ceulx qui jouèrent audit mistère du pais de Normandie, et [ils] firent signer leur pappier à l'évesque
de Dol. » Il faut probablement entendre par « pappier » l'autorisation de jouer qui devait être donnée
par l'évêque du diocèse : le « théâtre de la nature » de
Cendres était donc soumis à la censure de l'évêque de
Dol. Mais cette paroisse voyait beaucoup de spectacles
moins agréables que le mystère de Saint Antoine. Les
criminels condamnés au bannissement par les juridic-
tions normandes étaient conduits par les sergents non
pas au pont du Couesnon, mais à la limite Ouest de
Cendres. Au village de Villecherel, les Normands faisant même des exécutions. Robert Le Breton, de Montrouaut, Guillaume Guerrier, Jehan Brunel et Jehan
Auffray, de Villecherel, racontèrent la piteuse histoire
de larrons qui avaient été « essorillés » c'est-à-dire
amputés d'une oreille, au milieu du village de Villecherel par des magistrats normands. Une fois le chef
du cortège était Guillaume Le Febvre, vicomte de
Pontorson, qui était accompagné de « gens embaston-
nés de javelines, espées et d'autres plusieurs bastons
de guerre et d'armes... et l'amenoit (le larron) batant
depuis ledit lieu de Pontorson avecques des verges de

boul (1) jucques au bas du villaige de Villecherel, et lorsque furent arrivéz audit lieu, commanda le procureur au bourreau de luy coupper une oraille et en faire l'exécution. Et tout incontinent print celuy bourreau ung couteau et luy couppa une oreille, ne sceit le tesmoin laquelle; et ce faict, feit deffense au pouvre homme essorcillé de non jamais se trouver ou pays du Roy sur paine d'estre pandu »... Le coupable était natif de Bretagne, et avait été franc-archer du Roi. Une autre exécution fut présidée par le vicomte Guillaume Le Roy; le condamné était un nommé Bellechère, ancien valet du sieur du Chatellier en Vieuviel (2); le sergent, Jehan Maillart, « fit mettre iceluy pouvre homme à genoulz au milieu du chemyn et luy print la teste en sa main gauche, et o l'autre main leva le poil dessus l'oreille et lors le bourreau print l'oraille et la luy couppa... »

Sept témoins entendus à Saint-Georges de Gréhaigne racontèrent des faits graves. Vers 1474, des gens d'armes de Pontorson, conduits par le vicomte Guillaume Le Roy et le sergent Phelippe Baillehache, vinrent enlever dans le marais de Saint-Georges, entre la maison des Verdières et le Bourg, des charretées de froment au nombre de trente d'après certains témoins, et de dix-sept ou de quatorze d'après d'autres. La razzia aurait été plus complète si une pluie torrentielle n'avait obligé les Normands de rentrer chez eux avec leur butin

(1) On appelle *Boul* dans l'Avranchin les brindilles d'arbustes, bouleaux et autres, avec lesquelles on fait les balais.

(2) Le texte porte Vieuvy, mais la seigneurie du Chatellier est en Vieuviel.

qui fut déposé dans l'église. Vainement Guillemette Templier montra aux hommes d'armes un papier qui prouvait qu'elle ne tenait rien du Roi; ils lui jetèrent son document au nez en disant qu'ils auraient le froment et les terres. Thienot Michel fit des remontrances analogues; Phelippe Baillehache lui répondit : « Tienot, baillés votre tenue au Roy, nostre sire, et confessez tenir ladite terre du Roy et on vous laissera votre froment et autrement non, car ces lieux et héritaiges sont au Roy. » Sur quoy réspondit ce témoin audit Philippe : « J'aimeroys mieulx perdre tout ce qu'il y a... » Le sieur de la Hirlaye et des soldats bretons prévenus de l'invasion des Normands avaient refusé de se déranger.

L'expédition était prévue longtemps à l'avance : le sieur de la Chapelle de Vaucler avait averti son fermier de la Motte qu'il ferait une sottise s'il labourait et ensemençait ses champs parce que les officiers de Pontorson lui avaient dit qu'ils viendraient faire les levées. A la même époque, des soldats s'emparèrent de bestiaux dans les prés de Villecherel (1).

Des instructions données par le Duc à ses ambassadeurs peu de temps après cette enquête recommandèrent de parler au Roi « des entreprises des officiers de Pontorson sur les paroisses de Cendres et de Saint-Georges entre Pontorson et Villecherel. » Cette affaire est mentionnée au milieu de beaucoup d'autres de minime importance (2). Après la mort de Louis XI, les

(1) Archives de la Loire-Inférieure, E. 112.
(2) Archives de la Loire-Inférieure, E. 106.

griefs des Bretons furent formulés en termes plus précis et plus énergiques : « Remonstre le Duc combien que la rivière de Coaisnon depuis la paroisse de Sougeal tirant jusqu'à la mer fait la séparation de Normandie et de Bretagne, cependant depuis aucun temps en ça et durant la vie du Roy Louis dernier décédé, qui mourut derroinement, aucuns des officiers du Roy à Pontorson ont voulu attribuer au duché de Normandie contre toute raison certains marais et héritages entre ladite paroisse de Sougeal et la mer du costé de Bretagne au long de ladite ripvière de Couesnon et ont voulu exercer juridiction en un village nommé Villecherel estant au bout dudit marais vers ledit terrain, qu'ils ont mesme fait punir un malfaiteur dudit village; combien que de tous temps ceux dudit village contribuent aux fouaiges de Bretaigne, ce qui est usurpation. » (1484) (1). Le différend au sujet des limites fut encore rappelé dans des remontrances présentées en 1485. La Régente répondit article par article au mémoire du Duc, mais elle oublia, volontairement ou non, de se prononcer sur l'affaire de Villecherel.

Ainsi que nous l'avons dit, nous n'avons pu découvrir que les documents exposant la thèse bretonne sur la nationalité de Cendres. A lire ces pièces — lamentables dépositions de paysans ou respectueuses remontrances des ambassadeurs — on pourrait croire que pendant des siècles les malheureux Bretons des environs de Pontorson se laissèrent docilement maltraiter et

(1) Archives de la Loire-Intérieure, E. 106. — D. Morice, *Preuves*, t. III, col. 152, 492.

piller par leurs voisins, qu'ils firent de leur mieux pour payer tous les impôts qu'on leur réclamait indûment, qu'ils se multiplièrent pour aller monter le guet à Pontorson, à Landal, au Mont Saint-Michel, et surtout qu'ils n'exercèrent jamais de représailles à l'encontre des Normands.

Il n'était point dans les habitudes des Bretons, des compatriotes et des contemporains de Du Guesclin, de recevoir ainsi des coups sans les rendre. En réalité, ce que les soudards anglais ou normands faisaient en Bretagne, les soudards bretons le faisaient en Normandie (1). Si les officiers du roi commettaient des usurpations ou des empiètements sur les marchés du duché (2), les officiers du Duc commettaient des actes analogues partout où ils n'avaient pas en face d'eux des officiers aussi énergiques que les vicomtes de Pontorson, Guillaume Le Febvre ou Guillaume Le Roy, disposés à tout employer, même l'offensive, pour défendre les droits de leur souverain.

On sait que pendant la guerre de Cent Ans la Bretagne intervint fréquemment dans la lutte. Après l'expulsion des Anglais, des hostilités constantes éclatèrent entre les rois de France et les ducs. Lors de leur fameuse expédition en Normandie, en 1465-1466, François II et Charles de Valois placèrent des garnisons bretonnes dans toutes les villes qu'ils avaient occupées :

(1) Dom Morice, *Histoire*, t. I, p. 498-199.
(2) Et ils *foulaient* les habitants de la Normandie aussi bien que ceux de la Bretagne. Voir mandement de Charles, fils du roi, aux capitaines de Pontorson, Saint-James, etc., en 1356, dans Desroches, *Annales...*, p. 282.

ces troupes se conduisirent de telle façon qu'une sorte de chouannerie éclata dans la population indigène. Les « Galants de la Feuillée » pourchassèrent les gens d'armes auxquels se joignaient de vulgaires brigands. Vers 1473, des paysans des environs de Saint-James massacrèrent « Jehannin de Launay, breton, homme de mauvaise vie », qui passait trop souvent la frontière pour venir piller les paroisses normandes (1). Cette « chouannerie du XVe siècle » est mal connue : elle s'étendit au pays de Pontorson, car il est impossible de ne pas la reconnaître dans cette « Guerre à la Fayée » que mentionnent les doléances présentées par l'Evêque de Dol en 1478.

Aux *exploix* accomplis par les magistrats ou les agents royaux, répondaient les *exploix* des officiers du duc sur les frontières mal gardées du Poitou ou de l'Anjou. Ils protégeaient les fraudeurs ou les contrebandiers; ils commettaient même de véritables violations de territoire comme lorsqu'ils allaient saisir en Anjou un gentilhomme breton, accusé de divers crimes, le sire de la Lande, qui fut ensuite décapité (2).

Les entrevues des ambassadeurs se terminaient suivant la façon demeurée classique : nomination de commissions d'enquête et échange de protestations peu sincères. Des conférences eurent lieu à Angers en 1482 au sujet des différends entre la Bretagne et la France et notamment au sujet des exploits que les Bretons

(1) Des documents importants sur ces troubles ont été publiés par M. P. Le Cacheux, *Les Galants de la Feuillée*, Saint-Lô, 1909, broch. in-8°.

(2) Dupuy, *Histoire de la réunion de la Bretagne à la France*, Paris, 1880, in-8°, t. I, p. 387-392.

disaient avoir été faits par les officiers du Roi en Bretagne et que les Français soutenaient avoir été faits
en territoire français; les ambassadeurs de France in-
formaient leur gouvernement le 27 septembre que des
enquêtes seraient faites en Poitou, dans le Maine et en
Normandie (celle-ci par le lieutenant général du bailli
de Cotentin), et ils concluaient : « Sire, quand tout a
esté bien débattu, lesdits Bretons ont monstré semblant
d'estre fort contens et ont usé de toutes bonnes paroles,
combien que l'on ait toujours montré bien peu d'effet
de leur part » (1).

Ce document laisse paraitre un scepticisme sans doute
justifié et une grande indifférence. Les Français étaient
solidement établis à Pontorson; ils ne craignaient guère
que le duc de Bretagne leur reprit cette petite paroisse
de Cendres qu'ils occupaient — peut-être légitimement
— depuis si longtemps. L'hôpital que les bourgeois y
avaient fondé subsista pendant toute la guerre de Cent
Ans; en 1347, une intéressante délibération des bourgeois assura à cet établissement qui était très pauvre un fonds de 1,200 livres. Cette décision fut confirmée
par le roi Jean au mois d'août 1353; les bourgeois
n'avaient eu garde de demander l'approbation du duc
de Bretagne, mais l'autorité spirituelle de l'évêque de
Dol n'était pas oubliée. Des lettres d'indulgence accor-
dées par le Pape le 9 octobre 1382 à l'hôpital Saint-

(1) D. Morice, *Preuves*, t. III, col. 424. — Voici les noms de quelques
capitaines de Pontorson au XVᵉ siècle : Robert de la Heuse, dit Le Borgne
(1415); Guillaume de la Pole, comte de Suffolk (1419); Jehan de Habay
(1474-1479); Jacques de Silly de Lovet (1481-1492); Du Mas de Lisle,
baron de Tourville (1497).

Jean et Saint-Antoine près Pontorson portent formellement que cette maison se trouve dans le diocèse de Dol (1).

D'autre part, les habitants de Cendres et même ceux de Saint-Georges de Gréhaigne ne songeaient pas toujours à revendiquer la nationalité bretonne. Dans le marais, non seulement dans la partie qui appartenait à Cendres, mais même dans celle qui dépendait de Saint-Georges, les officiers du Roi agissaient parfois sans soulever les protestations que recueillirent ou que provoquèrent les enquêteurs envoyés par le Duc en 1474 et en 1480. Nous avons trouvé aux Archives de la Manche une curieuse enquête relative à l'entretien des digues du Marais qui fut faite le 15 novembre 1464 en présence du garde du scel des obligations de la vicomté d'Avranches, par devant deux « tabellions jurés pour le Roy ès sièges de Pontorson et du Mont Saint-Michel ». Le garde du scel et les tabellions interrogèrent les témoins et dressèrent le procès-verbal « ès salines de Saint-Georges de Gréhaigne », c'est-à-dire à une lieue à l'Ouest de Pontorson et précisément en ce village des Vieilles-Salines qui, d'après l'enquête de 1474, était incontestablement un village breton. Cependant les habitants de Saint-Georges qu'ils citèrent et qui comparurent ne songèrent pas à contester la compétence territoriale des officiers normands. Bien plus, ils racontèrent spontanément un fait remontant à 1417 environ qui prouvait que l'autorité royale était respectée et

<hr>

(1) Copies des actes de 1347 et 1353 aux Archives d'Ille-et-Vilaine, série M. — Denifle, *Désolation des Églises de France*, t. II, p. 750.

reconnue en ce petit coin de terre et que l'on considérait la partie Est du Marais comme faisant partie du
domaine royal; à cette époque, la mer avait rompu
les digues et les habitants refusaient de les réparer :
« pour quoy par autorité de justice et des officiers du
« Roy nostre sire, en tant qu'il en povoit avoir en
« demaigne du Roy nostre dit seigneur fut baillé
« commission [à] ung nommé Guillaume le Rogeron
« qui contraignit lesdits tenans à réparer lesdites dic-
« queries estans audit domaine, et y fit mettre ledit
« Rogeron des ouvriers et tombereaux et icelle répa-
« ration faicte, fut faite assiette sur lesdits tenant
« terres de certaine somme d'argent que avoit cousté
« ladite réparation sur chacun selon la quantité de la
« terre qu'il y tenoit, à quoy chacun avoit contribué
« et poié » (1).

Cinq des témoins entendus en 1461 se trouvaient
parmi ceux qui comparurent en 1474 devant les enquêteurs du Duc; mais la présence des hauts magistrats de la Sénéchaussée de Rennes leur fit perdre tout
souvenir de leur ancienne soumission aux ordres des
magistrats royaux.

En somme, les habitants de Cendres et du marais
débatif ne savaient pas s'ils étaient Normands ou Bretons; c'était une situation fâcheuse puisqu'elle les ex-
posait à être revendiqués comme contribuables par la
Bretagne aussi bien que par la Normandie. Mais ces
Bretons étaient assez Normands pour tirer à l'occasion

(1) Archives de la Manche, série H, fonds du Mont Saint-Michel, prieuré
de Montrouaut.

quelque profit de leur état ambigu. Jusqu'au XVII⁰ siècle, Pontorson jouit de franchises précieuses : les
habitants des maisons situées sur la rive gauche près
du pont et de l'Hôtel-Dieu réussirent à bénéficier des
mêmes privilèges qui s'étendirent peu à peu à tout le
marais débatif. L'enquête de 1474, bien que spécialement destinée à faire connaître les abus des Pontorsonnais, laisse paraître que les villages compris entre
le Pont et les Vieilles-Salines échappaient en partie
à certaines obligations féodales et à certains impôts,
notamment à ceux que nous appelons aujourd'hui les
droits de mutation. La plupart des témoins déclarè-
rent « que jamais ne seurent, ne ne oirent dire que
ceux qui ont héritages en iceux lieux en feissent obeis-
sance ne pour le Roy, ne pour le Duc, sauf toutefois
de ceux qui y avoint maisons et habitacions... » En
ce territoire, appelé d'un nom caractéristique *le Franc
Regalle*, « jamais ne virent, ne ne surent que le Roi,
ne le Duc voulussent prendre ne avoir justiciement sur
les héritages, ne sur les détempteurs par raison d'iceux,
ne s'y attribuer jurisdiction ». Les actes d'aliénation
étaient passés devant la cour de Rennes ou devant
celle de Pontorson selon que les vendeurs habitaient
la Bretagne ou la Normandie, mais les parties ne
payaient pas de lods et ventes (1), et les difficiles
et coûteuses formalités des bannies et de l'approprie-
ment étaient pour eux singulièrement simplifiées :
« et iceux contrats des héritaiges situés ès paroisses

____

(1) Nous verrons que les propriétaires du marais de Cendres prétendaient encore jouir de cette exemption au XVIII⁰ siècle.

de Cendres et de Pleine-Fougères se lisent à l'issue de
la messe de Cendres par le tabellion qui a passé le
contrat, en présence de témoins à l'issue de l'église
d'icelle paroisse de Cendres, et le contrat ainsy fen,
celuy à qui est fait le transport d'iceux héritaiges en
est approprié, paiant quatre deniers à la boëte de Saint-
Etienne de ladite paroisse de Cendres, et les presmes
quand le contrat est subject à prémesse peuvent venir
dedans vingt-quatre heures et rendre les deniers, et
par ce moien recouvrer la chose contractée, et les
vingt-quatre heures passées, jamais n'y sont recevables;
et ne poye l'on d'iceux contrats aucunes ventes ne
octrise, et ainsy l'ont veu user et observer publiquement
et notoirement; et ont ouy dire à leurs prédécesseurs
que de tout temps l'on a accoustumé à le taire... »

Jehan Houel, de Pleine-Fougères, essaya de donner
une raison historique des privilèges de Cendres. « *Item*
recorde que lesdits marais sont appelés francs regaires
pour ce que l'on dit communément que anciennement
ils étoient tout submergés de mer, et, pour les sauver
et garder la mer de entrer, furent faits certains dicz
qui sont agers et levées de terre en la paroisse de Saint-
Georges, quieulx sont en Bretaigne et n'en est point
débat, et par iceux furent préservés et encore à présent sont (préservés) lesdits lieux débatifs. » L'expli-
cation était mauvaise, car les terres situées dans le
reste du marais de Dol, même les plus exposées aux
attaques de la mer, n'étaient pas libérées des lods et
ventes. Longtemps, les agents du domaine à Pontorson
n'avaient pas demandé aux propriétaires de rendre

aveu au Roi; deux ou trois ans avant que fut faite
l'enquête de 1474, ils se mirent à exiger cette marque
de sujétion. D'autre part, les sénéchaux du Duc de-
mandèrent aussi que des aveux pour les mêmes terres
fussent présentés dans les cours de Rennes et de Bazouges. Les uns et les autres eurent en partie gain de
cause. Lorsque la question de Cendres fut de nouveau
soulevée au XVIIIe siècle, les représentants de la Normandie aussi bien que ceux de la Bretagne purent pro-
duire un grand nombre d'aveux et de déclarations
dans lesquels les habitants disaient tenir leurs terres
du Roi tantôt à raison de son duché de Normandie
et tantôt à raison de son duché de Bretagne.

Les riverains du Couesnon n'attachaient pas à la
question autant d'importance que leurs magistrats et
la plupart ne montraient pas autant d'énergie que
Tiennot Michel, qui, en 1480, aurait préféré perdre tout
ce qu'il possédait plutôt que de rendre aveu au Roi.
Les Normands ne prenaient pas au tragique ces protestations quand elles se produisaient. En 1469, un
nommé Simon Bertin eut un différend avec Maitre
Jean (1), maître de l'œuvre, et Guillaume Maillard,
commis à la construction du nouveau château de
Pontorson; au cours de la discussion, il rappela la
vieille histoire de la borne frontière jadis placée sur la
rive du Couesnon et il affirma que le premier château
avait été construit sur le territoire de trois paroisses,

(1) Ce maître Jean pouvait être Jehan Billart, qui, en 1479, exécuta
d'importants travaux au château de Pontorson, ou bien Jehan Dudixième,
juré mesureur, qui avec deux autres personnages « cognoissans en la
science de géométrie », contrôla et vérifia l'exécution des travaux.

Cendres, Boucey et Pontorson : ... « et alors ledit Maillard dit audit maître de l'œuvre et autres gens qui illecques estoient que ledit Bertin ne faisoit que droller et qu'on ne penseist (prît) pas esgart à ses parolles. »

Pendant les guerres douloureuses qui précédèrent l'union de la Bretagne à la France, Cendres et Pontorson furent encore témoins d'actes d'hostilité. De hardis partisans bretons défendaient isolément l'indépendance de leur pays : ils « chouannaient ». En 1487, on les trouve faisant des courses dans l'Avranchin (1); en 1489, « ils se plaçaient au passage de *Gaugray*, près de Pontorson, et arrêtaient les soldats, les vivandiers et les marchands français » (2).

Après le traité de 1491, les contestations au sujet du marais débatif devinrent naturellement moins vives. Le château de Pontorson fut en partie abandonné; l'emplacement du « viel château » fut même vendu en 1521 au prieur du lieu, Hector de Lamps (3). La garnison ne pouvait plus traiter les Bretons en ennemis. Elle était d'ailleurs très faible et ne redevint inquiétante qu'à l'époque des guerres de religion, lorsque Pontorson fut un des centres d'opération du plus audacieux chef des protestants normands, Gabriel de Montgomery (4).

(1) Archives Nationales, JJ.217, f° 57, r°, cité par Dupuy, *Réunion de la Bretagne*, t. II, p. 108.

(2) Archives Nationales, JJ.220, f° 121, r°, cité par le même, p. 163. Nous remplaçons le mot Gangues, imprimé par l'historien, par celui de Gaugray. Il n'existe pas de passage du nom de Gangues près de Pontorson; au contraire, Gaugray, ou Cograis, ou Cograine, était un lieu de passage en Roz-sur-Couesnon, sur la route de Pontorson à Dol et à Saint-Malo. Le comte de Combourg y leva un droit de coutume jusqu'en 1780.

(3) Desroches. *Annales Religieuses...*, p. 19.

(4) Les paysans bretons ne tolérèrent pas toujours patiemment **la**

Le pont de bois qui mettait en relations les deux provinces était au début du XVI° siècle en mauvais état : le lieutenant du bailli de Cotentin à Avranches y fit faire quelques réparations en 1515 sous la direction de Jehan Allix, maître des œuvres de la Vicomté (1). En 1584, il devint nécessaire de le rebâtir et les Etats de Bretagne furent invités à contribuer pour moitié à la dépense évaluée à 6.000 écus pour la construction du pont et à 2.677 écus pour les pavés de la chaussée. Les lettres du Roi auraient pu être considérées par les Etats comme une reconnaissance définitive de la thèse bretonne qui portait jusqu'au milieu du lit du Couesnon la frontière de la province; mais uniquement soucieux de l'intérêt du moment, ils ne songèrent qu'à esquiver une lourde taxe et présentèrent au Parlement une requête portant que le pont était au pays de Normandie et que, par conséquent, la Bretagne ne devait pas prendre part à son entretien (2). Peut-être les membres des Etats ignoraient-ils les contestations anciennes. L'érudit sénéchal de Rennes, Bertrand d'Argentré, en avait ouï parler; il savait que ses prédécesseurs étaient intervenus plusieurs fois dans le conflit. Au livre I de son Histoire (3), il raconte qu'il avait consulté une enquête

présence des religionnaires. D'après une requête présentée au roi en 1597, par les Eglises réformées, les habitants de la rive gauche du Couesnon, au nombre de deux ou trois mille, avaient attaqué le sieur du Bordage, qui se rendait à Pontorson (*Mémoires de la Ligue*, t. VI, p. 436). Le château avait été remis en état de défense par les Montgomery; il fut enfin détruit sous le règne de Louis XIII aux frais des paroisses voisines (Archives d'Ille-et-Vilaine, C. 3234 3238).

(1) Bibliothèque Nationale : Mss. français 26114, pièce n° 7.

(2) Archives d'Ille-et-Vilaine, série B, Parlement, Reg. secret 61, f° 20, arrêt du 20 octobre 1584, et série C, Etats 2612, 2896, 2897.

(3) Chapitre XVIII : *De la situation et description de Bretagne.*

faite au siècle précédent à la demande du comte de Combour; il affirme que « de vray, du temps des guerres, les sénéchaux de Rennes alloient souvent, voire en armes, tenir leurs plaids jusques sur le pont de Pontorson pour la manutention des possessions des limites. » Si D'Argentré avait fait le même voyage, il n'avait rapporté que des notions bien singulières sur le cours du Couesnon : la rivière, nous dit-il, se répand « sur le terrouer de deçà (le Mont Saint-Michel) au-dessus le pont au Bault » (il confond avec la Sélune); six lignes plus loin, on lit : « Par cette borne de Pontorson, dévale la rivière de Couesnon..., et va tomber au-dessus de Dol (il confond avec le Guioul) et de là pert son nom, s'en allant rendu avec la mer au port de Cancale. » Les renseignements historiques enregistrés par l'auteur ne sont pas meilleurs. Il ne doute pas que les Tours Brettes n'aient été construites sur le territoire breton, et le Mont Saint-Michel lui-même « a esté quelquefois en l'obéissance des ducs de Bretagne (1), desquels les abbés et religieux dudit lieu tiennent bonne part de leur fondation, lesquels Ducs pour enseigne de ce firent passer quelque temps la rivière de Couesnon par devers la Normandie, où ils en disent encore un proverbe qui dès lors prit son origine :

> Si Couesnon a fait folie
> Si est le Mont de Normandie..

(1) Parmi tous les personnages qui détinrent, plus ou moins complètement, en Bretagne, la puissance souveraine, nous ne connaissons que le duc de Mercœur, dont l'autorité ait été reconnue au Mont Saint-Michel, mais Mercœur ne fut duc de Bretagne que d'intention.

...La rivière de Couesnon, rencontrant le reflux de la mer, « est contrainte de le quitter au plus fort, et s'escoulant sur la terre qu'elle trouve au dessous, elle est tellement respandue qu'elle a donné une ou deux lieues du pays de Bretaigne, de bons et gras pâturages aux normands, et submergé un grand canton de pays du meilleur de Bretagne... »

On sait quelle influence le livre de D'Argentré exerça en Bretagne aux XVIIe et XVIIIe siècles. Toutes les traditions sur le passé de la province, toutes les théories sur les droits ou les privilèges de l'ancien duché tirent leur source de cet ouvrage. Le chapitre dont nous venons de citer quelques lignes fut lu, commenté et cité avec une absolue confiance par le recteur de Cendres et par les magistrats de Bazouges lorsqu'au XVIIIe siècle ils crurent devoir réveiller la vieille question de la frontière de la Bretagne.

2° *De la fin du XVIe siècle à* 1790.

Le partage de la paroisse de Cendres entre les deux provinces de Bretagne et de Normandie ne paraît pas avoir donné lieu à des incidents graves pendant les deux siècles qui suivirent l'union de la Bretagne à la Couronne. En 1624, les habitants d'un grand nombre de paroisses des sénéchaussées de Fougères et de Rennes aidèrent les paysans de l'Avranchin à démolir les fortifications du château de Pontorson, situé sur la rive droite du Couesnon (1). L'hôpital bâti sur la rive gau-

(1) Archives d'Ille-et-Vilaine, C. 3234-3238. — *Mémoires* de P. Thomas du Fossé, publ. par F. Bouquet, Rouen, 1876-1879, in-8°, t. I, p. 15, et t. IV, p. 73.

che continua d'être administré au temporel par les Normands et au spirituel par les Bretons (1) : on doit dire qu'au commencement du XVII° siècle il était mal administré au temporel aussi bien qu'au spirituel. On lit dans un procès-verbal dressé le 25 octobre 1611 par Louis Bodin, écuyer, sieur de Vauvert, vice-bailly du Cotentin, vicomte, maire et juge politique de Pontorson, et par René Minier, sieur du Chatelet, procureur du Roi : « Il y fréquente journellement tant de nuit que de jour grand nombre de gens de mauvaise vie comme soldats débandés des armées, feignant estre estropiés, vagabonds, coureurs accompagnés de femmes débauchées de mauvaise vie, allant de compagnie avec telles personnes qui, sous prétexte de demander l'aumône comme passants et nécessiteux, se retirent audit hôpital avec lesdites femmes et y passent les nuits à boire, chantants, dansants, et y menant une vie dépravée, odieuse et de mauvais exemple, jurant et blasphémant le saint nom de Dieu après estre yvrés et pleins de vin... » Huit lits ou « charlits » existaient dans la maison; un certain Jean Lainé avait été commis par le prieur pour avoir soin des pauvres aux gages de 20 livres par an; il vendait en outre du cidre à un sol le pot. Les magistrats de Pontorson Jacques Dalibert, écuyer, sieur du Désert, premier président, et Louis de

(1) Nous avons dit que l'Hôtel-Dieu avait été fondé en 1115; le souvenir de cette origine ancienne était perdu à Pontorson en XVIII° siècle, car on lit dans un mémoire adressé à l'intendant de Caen que l'hôpital Saint-Antoine avait été institué par une bulle de Pie V du 1er janvier 1570, confirmée par des lettres patentes de Henri IV de mars 1602 (*Inventaire sommaire des Archives du Calvados*, **C.** 621).

Saint Genis, conseiller en l'élection d'Avranches, François Heurtault, sieur de la Postelière, lieutenant général de la vicomté de Pontorson, François Bodin, sieur de la Roullaie, etc., les bourgeois et le clergé consentirent à ce que l'administration de la maison fut confiée aux Religieux de la Charité, dits frères de Saint-Jean de Dieu. Les délibérations municipales des 4 septembre et 6 octobre 1644, confirmées par des lettres patentes du mois de novembre, furent enregistrées au Parlement de Rouen le 2 décembre 1645. L'évêque et le chapitre de Dol avaient donné leur consentement les 9 octobre et 21 décembre 1644 : le parlement normand n'oublia pas de viser l'intervention parfaitement régulière du clergé breton et de confirmer la réserve d'une pension viagère de 200 livres au profit de Pierre Piqueray, prieur de Saint-Antoine, mais il spécifia que les comptes de l'hôpital seraient rendus devant le trésorier de l'église de Pontorson (1). Saint-Antoine fut dès lors un hôpital pour les aliénés et une maison de force pour les débauchés et les prodigues; il ouvrit ses portes aux malades et aux libertins, sans distinguer s'ils étaient originaires de Bretagne et de Normandie (2).

L'intendant de Rennes correspondait sans intermédiaire avec le prieur (3), mais la surveillance de la mai-

(1) Copies par le docteur Hédouin, maire de Pontorson (1817) des actes conservés aux Archives de la Mairie. (Arch. d'Ille-et-Vilaine, série 9, S. 3 : Marais de Dol.)

(2) En 1758, lors de la descente des Anglais à Saint-Malo, les religieux congédièrent tous les prisonniers parce qu'ils craignaient un coup de main de l'ennemi. (Arch. d'Ille-et-Vilaine, C. 210 : dossier Capitaine du Boisdaniel.)

(3) Archives d'Ille-et-Vilaine, C. 158 à 231; des renseignements intéres-

son appartenait sans contestation à l'intendant de Caen. L'hôpital était assujetti aux impôts normands, par exemple à la gabelle et aux droits d'octroi (1); les hospitalisés et le personnel formaient l'agglomération la plus importante de la paroisse de Cendres. Les autres habitants du bourg acceptaient comme eux l'autorité normande, mais les droits de la Bretagne sur la partie Ouest de la paroisse n'étaient pas méconnus. C'est ainsi que le 3 mai 1688 Clément Laisné, recteur de Cendres, comparaissant devant un notaire de Pontorson, déclarait habiter « en cette bourgeoisie, et néanmoins évêché de Dol en Bretagne »; il affermait les dîmes du canton de la Déholière et de l'Ile Saint-Samson « et en environ le tout dans ladite paroisse, au « quanton situé en Bretaigne » (2). Les registres des insinuations ecclésiastiques de Dol ajoutent toujours au nom de l'église paroissiale ou de la chapelle Saint-Antoine les mots « Bourgeoisie de Pontorson ».

Parfois les magistrats et les agents normands ou bretons dépassaient les frontières de leurs cantons respectifs et allaient instrumenter en dehors de leur ressort. Chose singulière, jusqu'à 1743 on ne trouve aucune trace que des conflits aient résulté de ces violations de territoire : la situation des lieux les rendait très excusables. Ce fut seulement en 1744 et 1745, lorsque la séculaire discussion se ranima, que les bourgeois

____

sants sur le régime de la maison se trouvent dans **C.** 161. Voir aussi Arch. du Calvados, C. 301-450.

(1) Docteur Wahl, *Un Asile d'aliénés au XVIIIe siècle* (Extrait des *Annales médico-psychologiques*, juin 1912, p. 6).

(2) Arch. d'Ille-et-Vilaine, série G, paroisses, dossier de Cendres.

de Pontorson ou les magistrats de Bâzouges et de Rennes présentèrent les actes accomplis par leurs prédécesseurs à l'Ouest ou à l'Est de la paroisse comme des preuves que Cendres était en entier compris en Normandie ou bien en Bretagne. Les avocats des deux provinces produisirent alors une masse de documents contradictoires : des aveux avaient été rendus en la chambre des comptes de Rouen et d'autres en celle de Nantes; des inventaires avaient été dressés et des tutelles instituées par les juges de Bâzouges la Pérouse et d'autres par les juges de Pontorson; les habitants étaient compris dans la capitainerie garde-côte de Dol (1), mais ils étaient soumis à la gabelle normande. La situation était ambiguë : le protestant Pierre Vallée dit du Chemin qui, le 6 octobre 1720, avait refusé de s'agenouiller devant le Saint Sacrement porté par le recteur de Cendres avait été dénoncé au procureur du roi de Bâzouges (2); par contre, d'autres habitants de la paroisse coupables de quelque délit avaient été emprisonnés à Pontorson et à Avranches. Aussi les « Cendrillons » craignaient-ils également les magistrats des deux provinces. Le 31 août 1745, le procureur du roi de

(1) Les bourgeois de Pontorson soutinrent le 28 juin 1746 que les habitants du canton breton étaient seuls compris dans la capitainerie de Dol; ils produisirent le procès-verbal d'une revue passée en 1672 par les officiers de l'amirauté de Granville, à laquelle les hommes du canton normand avaient comparu en même temps que les miliciens de Pontorson. (Arch. d'Ille-et-Vilaine. C. 3777, f° 19 de la conférence du 25-29 juin 1745.)

(2) Dénonciation du recteur Basset (Archives d'Ille-et-Vilaine. C. 3777).
— Le protestant Gaulard-Ménardière, qui avait commis une irrévérence analogue en 1683, fut condamné à donner deux statues à l'église de Pleine-Fougères. (Paris-Jallobert, *Registres paroissiaux, Pleine-Fougères.*)

Bâzouges, Chevallier du Collombier, à qui les Pontorsonnais déniaient alors toute compétence sur le canton Est de la paroisse, racontait cette curieuse anecdote :

« Une petite circonstance arrivée sous mes yeux démontre assez clairement que les habitants de Pontorson soutiennent avec opiniâtreté un fait du contraire duquel ils sont intimement persuadés. Voici ce dont il s'agit : en 1743, je me rendis dans le mois d'août à Cendres pour y prendre possession féodale d'un jardin situé au village du Port et de trois pieds sur la chaussée de Vilecherel, lesquels héritages sont revenus au Roy par deshérence. Je m'amusay à me promener longtemps au bord de la rivière depuis le pont des Barres jusqu'à celuy de la Criche. Comme j'avois avec moy un commis au greffe et un huissier, les habitans de Pontorson furent émus de mes démarches et de ma curiosité. Ils s'imaginèrent que mon but étoit de faire confisquer tous les chanvres qui pour lors estoient dans la rivière, et, pour y obvier, dès qu'ils surent que j'étois couché, ils y firent toute la nuit enlever et charroyer leurs chanvres, ce qu'on vint au matin me dire dans ma chambre et ce qui nous procura quelques momens de divertissement. Ils m'appréhendoient donc; ils savoient donc que Cendres est en Bretagne et que j'avois droit de saisir ce qui est dans la rivière. Si j'avois lors prévu que la Province en auroit pu tirer avantage, je n'aurois pas manqué d'en faire mention dans le procès-verbal que je rédigeai sur les lieux, mais je puis affirmer que le fait est absolument vray, et s'il estoit nécessaire d'en administrer preuves testimonialles, il seroit fort aisé d'y satisfaire... » (1).

Cette situation singulière durait depuis si longtemps que les paroissiens de Cendres y étaient habitués; ils n'auraient pas songé à protester si leur recteur, l'abbé Pierre Coulombier, n'avait entrepris en 1744 de rompre tous les liens avec la justice et la fiscalité de Normandie; il est facile de reconnaître dans les mémoires présentés sous le nom d'obscurs habitants son style passionné et tout plein de réminiscences religieuses ou bibliques. Il prit l'affaire singulièrement à cœur et comme le soin des âmes de ses peu nombreux paroissiens lui laissait des loisirs, il put accabler de ses lettres et de ses factums le procureur général syndic des Etats et l'avocat des Etats près du conseil du Roi. Il se croyait persécuté; tantôt il supplie qu'on le « mette à couvert des griffes des Pontorsonnais », tantôt il se croit menacé d'une lettre de cachet et se voit déjà enfermé dans un hôpital ou dans une maison de force; les officiers de Pontorson traitent ses ouailles « sans clémence ni miséricorde... : ils font ravage » dans sa paroisse. Il en vient à croire que la paisible population qui habite sur l'autre rive du Couesnon est animée de sentiments aussi farouches que les North-mans du Xe siècle. Sous le nom de Julien Milet et Gilles Le Franc, habitants de Cendres, il présente une requête aux Etats où tous les malheurs de sa paroisse sont longuement exposés : « Ce n'est pas tout. Le

(1) Lettre sans adresse, probablement destinée au procureur général syndic des Etats. (Arch. d'Ille-et-Vilaine, C. 3777).

pasteur abattu, détruit, enlevé à sa paroisse, que feront
désormais ses ouailles? Que ne va-t-on point tenter
contre elles pour les affliger, les accabler et les exter-
miner, si la chose même devenait possible! *A furore...*
On a presque rappelé le vœu de l'ancien tems; et si
des peuples jadis ennemis n'avoient à s'assurer du
repos sous les lois paisibles d'un prince, qui, également
leur Roy et leur père, fait aussy également leur sureté
et leur bonheur, les circonstances présentes ne seroient-
elles point propres, du moins pour les habitans de
Cendres, à les forcer de rétablir chez eux le rite de
l'antique litanie?... » (1)

Il est certain que la condition des habitants de l'Est
de Cendres devenait mauvaise; ils avaient refusé en
1743 de payer la taille et même avaient exercé des
violences contre les commis. Ils furent poursuivis :
« Les habitans de Pontorson nous réduisent dans la
dernière misère...; ils ont eu recours à deux archers
de la maréchaussée d'Avranches et se sont transportés
dans chaque maison menaçant de garnison : aussitôt
mes paroissiens ont payé la taille. Les collecteurs de
Bretagne pour être payés du contenu de leurs rôles
ont eu recours à la maréchaussée de Bretagne qui les a
contraints de payer les rôles de Bretagne; ils y ont
satisfait et ainsi ont payé en Bretagne et en Norman-

(1) Mémoire imprimé chez N. Audran en 1744, aux Archives d'Ille-
et-Vilaine, liasse C. 3777. — Cette liasse renferme la plus grande partie
des actes relatifs à la question de Cendres avant le XIX⁰ siècle. Formée
de copies et d'originaux réunis par les défenseurs de la thèse bretonne,
elle constitue une remarquable collection de documents sur l'administration civile des paroisses depuis le XV⁰ siècle. — Cf. Archives du Calvados, liasses C. 1073 et 3905.

die... Les commis des aides sont venus à la charge,
ont fait payer des entrées, ont fait des procès-verbaux,
ont saisi, exécuté et sont sur le point de ruiner tout
de concert la paroisse de Cendres. Et si on dit un mot
pour sa défense, aussitôt ils font des procès-verbaux
de rébellion. On peut dire que ma paroisse est dans
la désolation; eu peu tout doit être vendu chez moi
et nous ne devons pas nous attendre à autre chose
qu'à une ruine totale, si vous n'avez pitié de nous... »
Vainement le Parlement de Bretagne a rendu trois arrêts interdisant aux habitants de Pontorson de comprendre leurs voisins de Cendres dans leurs rôles :
« Ils s'en moquent et nous sommes obligés de respec-
ter leurs petites sentences!... Je puis vous assurer que
toutes ces affaires m'ont mis à bas et je doute pouvoir jamais m'en relever; d'un autre côté je ne suis
pas en sûreté, je suis tous les jours dans la crainte » (1).
On peut se demander si la mort subite qui frappa le
recteur le 2 mai 1744 (2), au moment où il avait amené
le conflit à un état aigu, ne fut pas provoquée par le
chagrin que lui causait la défense un peu dédaigneuse,
mais habile de ses adversaires.

Le recteur de Sains, l'abbé Brulay, fit en 1745 quelques démarches en faveur de ses voisins; le nouveau
recteur de Cendres, l'abbé Goron, paraît avoir été peu

(1) Lettres du 6 janvier 1744 au comte de Quélen, procureur général
syndic des Etats de Bretagne, et du 22 avril à l'avocat La Motte de Gennes. (Arch. d'Ille-et-Vilaine, C. 3777).

(2) Lettre de Anaclet Allart, « vicaire supérieur » du couvent de la
Charité, à La Motte de Gennes (*Ibid.*). — Pierre Coulombier, recteur de
Cendres depuis 1735, mort le 2 mai 1744, âgé de 46 ans, fut inhumé le
surlendemain. (Paris Jallobert, *Registres Paroissiaux.... Cendres.*)

combatif; cependant la mort de Pierre Coulombier n'eut point pour résultat de faire abandonner les revendications bretonnes. Il avait intéressé à la cause de Cendres les deux grands organismes administratifs de la province, les Etats et l'Intendance, qui se firent un point d'honneur de disputer aux Normands ce petit lambeau de territoire. Il serait inutile et fastidieux d'analyser les mémoires qui furent échangés entre les représentants des deux provinces. Il parait certain que les Normands étaient en possession de comprendre les habitants du « canton normand » dans les rôles des tailles et de percevoir sur ce territoire la gabelle et les aides. Les Bretons, qui étaient dans la situation défavorable de demandeurs, essayaient de s'appuyer sur les enquêtes ou les actes de 1474, 1478, 1480 et 1484, mais ces documents n'avaient qu'une valeur discutable, puisqu'ils prouvaient seulement que dès le XIVe et le XVe siècle, le Couesnon ne formait pas la limite incontestée de la Bretagne; les avocats de la Bretagne étaient en outre fort gênés, si l'on peut dire, par l'existence des villages ou des champs de la Grenouillère, du Colombier, du Clos Malacquis, qui faisaient partie de la paroisse contestée, quoiqu'ils fussent situés sur la rive *droite* du Couesnon; les Normands leur objectaient en outre le cas de l'enclos des Verdières qui à une lieue en aval de Pontorson, sur la rive droite du fleuve, était reconnu comme appartenant à la Bretagne et à la paroisse de Saint-Georges de Gréhaigne. Le Couesnon n'avait donc pas été dans le passé et n'était pas dans le présent la limite des provinces.

Des actes paraissaient cependant probants et ils auraient fortifié la thèse bretonne s'ils avaient été rendus contradictoirement, les Normands ayant été entendus. C'étaient notamment des aveux rendus en la Chambre des comptes de Bretagne qui comprenaient l'église de Cendres, un arrêt du conseil du 22 avril 1698 et des arrêts de la Chambre des comptes de Bretagne des 30 mars 1680 et 22 décembre 1682 qui avaient autorisé les fermiers du domaine du Roi en Bretagne, le comte de Combour (1) et le seigneur de Montlouet à établir tout près du pont, c'est-à-dire dans le canton normand, des bureaux pour la perception de leurs droits ou des poteaux portant l'affiche ou pancarte des taxes à lever sur les passants et les marchandises. Un arrêt du Conseil d'État du 18 septembre 1708 aurait été décisif si, comme on le lit dans tous les mémoires bretons, il avait fait défense aux habitants de Pontorson de comprendre les paroissiens de Pleine-Fougères et de Cendres dans leurs rôles, mais cette analyse était volontairement inexacte; l'arrêt interdisait seulement de comprendre dans les rôles de Pontorson les habitants de Pleine-Fougères et de Cendres « sous prétexte qu'ils possédaient divers héritages sur le territoire de Pontorson ». Cet acte n'était donc qu'une confirmation au profit des paroissiens de Pleine-Fougères et du can-

---

(1) Les Archives Nationales possèdent (cote N, Manche, III, n° 10) un plan des environs de Pontorson vers Cendres et Saint-Georges dressé le 27 juillet 1750 par J.-B. Georges, architecte-arpenteur à Saint-Aubin-de-Terregatte, et F.-M. Hamel, bourgeois de Pontorson. On a esquissé le « poteau où sont les armes des seigneurs de Crëlquen (de Combour), à 160 pieds de distance du bout du pont ». Un poteau semblable était dressé à Paluel au bord de la grève.

ton breton de Cendres du vieux privilège qui exemptait de la taille les domiciliés en Bretagne pour les pièces de terre d'extension qu'ils possédaient et cultivaient dans les paroisses voisines.

Les Normands n'émettaient aucune prétention sur le canton breton, mais ils trouvaient qu'il y avait « un peu trop de témérité » à soutenir que le reste de la paroisse était en Bretagne. Eux aussi s'appuyaient sur les enquêtes du XVe siècle dont ils tiraient naturellement des conclusions à leur avantage; ils produisaient des aveux aussi anciens que ceux du comte de Combour, des rôles et des taxes établissant que depuis 1660, date de l'établissement de la taille en leur ville jusqu'à 1743, les Cendrillons leur avaient fourni leur quotepart. Il en était de même pour les aides : en 1728-1729 les cabaretiers avaient exposé « qu'ils n'entendaient payer les droits de détail que sur le pied des cabaretiers de Pontorson, attendu qu'ils étaient unis à la bourgeoisie de cette ville et que ne faisant qu'un corps, ils devaient jouir des mêmes privilèges » (1).

Quant aux arrêts du Parlement de Rennes enjoignant aux officiers normands d'épargner les habitants de Cendres, les Pontorsonnais avaient pour ces actes le même dédain que les habitants de Pleine-Fougères pour les arrêts du Parlement de Rouen (2). Les Cendrillons, moins sûrs de leur nationalité, déférèrent

(1) Mémoire de M. de la Briffe, intendant de Caen, écrit au mois de décembre 1743. (*Ibid.*)

(2) Les arrêts du Parlement de Rennes des 13 décembre 1712, 13 juillet, 22 août et 22 septembre 1743 furent cassés par un arrêt du Parlement de Rouen du 14 octobre 1743.

parfois aux injonctions de l'une ou l'autre cour; le 28 octobre 1736, ils obtempérèrent au célèbre arrêt du Parlement de Bretagne du 27 août de la même année et nommèrent un « châtelain » (1), Julien Millet, chargé de veiller de concert avec les châtelains des paroisses du marais de Dol aux travaux qu'exigeait l'état des douves et des digues. Nous verrons que la nomination de Julien Millet et l'adhésion à l'arrêt du 27 août 1736 eurent pour les habitants de Cendres de longues et ennuyeuses conséquences.

Les mémoires rédigés par les Bretons ne convainquirent pas l'intendant de Caen de la réalité de leurs droits, et, bien entendu, les mémoires contradictoires expédiés de Caen n'eurent pas à Rennes un meilleur succès. Il appartenait au Roi de trancher le débat.

Un arrêt du conseil du 28 avril 1744 rendu sur requête présentée par Etienne Jolly, fermier des aides de la généralité de Caen, ordonna avant faire droit que les habitants des villages de Villecherel et du Port continueraient à payer les droits comme ils avaient fait jusqu'alors, c'est-à-dire en Normandie, sauf à ce que le montant leur en fut restitué s'ils étaient reconnus Bretons. Un second arrêt du 23 décembre 1745, provoqué au contraire par les Etats de Bretagne, évoqua le litige au Conseil du Roi et commit les intendants de Rennes et de Caen pour dresser procès-verbal des limites des deux provinces.

(1) Il y avait dans le marais de Dol un châtelain général nommé par l'évêque et des châtelains particuliers désignés par les paroisses; de nos jours, on appelle châtelains les ouvriers employés à l'entretien des douves. — L'arrêt du 27 août 1736, complété par l'arrêt du 18 mars 1737, est resté l'une des bases de la législation qui régit l'enclos submersible du Marais.

Les intendants se firent représenter à la conférence contradictoire qui se réunit à Pontorson les 28 et 29 juin 1716, celui de Rennes par Jean-François Védier, général des finances et commissaire des guerres, ordonnateur en Bretagne, subdélégué général de l'intendance, et celui de Caen par Anonyme Badier, subdélégué de l'intendant de Caen au département d'Avranches. Védier était assisté du comte de Quélen, procureur général syndic des Etats, des représentants du général de Cendres et de J.-F. Dastin de la Noë-Huet, procureur fiscal de Combour, M.-J. Chevalier du Collombier, procureur du Roi à Bâzouges, et B.-M.-F. Bonnescueil de la Roche-Durand, procureur du Roi au présidial de Rennes; du côté des Normands comparurent J. C. Massar d'Armancourt, inspecteur général des domaines du Roi en la généralité de Caen, P. Courtois, receveur des aides à Pontorson, N. Samson de la Saudraye, procureur du Roi en la Vicomté, et L.-P. Le Cocq, vicomte, et N.-L. Josseaume, qui représentaient les habitants de la ville. Les Bretons et les Normands se montrèrent également intraitables et la Commission se sépara sans avoir fait d'autre travail utile qu'une description très brève et insuffisante de la paroisse; il fut reconnu que le hameau de la Grenouillère situé sur la rive droite appartenait à Cendres; dans la maison du Colombier enclavée au milieu du territoire de Pontorson se trouvait le magasin d'armes de la paroisse.

Le Conseil d'Etat mit peu d'empressement à s'occuper de cette affaire; en 1755, on prévoyait que le

procès ne finirait jamais. En attendant une solution
qui ne se produisit pas, la paroisse de Cendres resta
dans le même état provisoire où elle se trouvait depuis
des siècles. La Normandie continua à lever des impôts
dans le canton normand conformément à l'arrêt du
conseil du 28 avril 1711 qui fut confirmé par un arrêt
du 24 octobre 1758 concernant les tailles. Les habitants de Pontorson avaient demandé la commutation
de la taille arbitraire et personnelle en une taille fixe
et certaine; l'arrêt qui fit droit à leur demande com-
prit dans le territoire soumis au nouveau tarif la paroisse de Cendres « en ce qui concerne la partie qui
fait un même corps avec ladite ville, dont les buts et
bornes sont, savoir : pour ce qui concerne la portion
de ladite paroisse de Cendres depuis et compris ce qui
compose le domaine de Sa Majesté vers le couchant
jusques et y compris la chaussée de Villecheret et
la maison de Nicolas Guillemain. » Le 3 septembre
1765, le conseiller Ynor d'Anctoville, commissaire dési-
gné par les Chambres des Comptes et des aides, arriva
à Pontorson : « Il ordonna la convocation de l'assemblée générale pour le lendemain 4 à 8 heures, pour-
quoi il ordonna qu'on ferait à l'instant battre le tam-
bour et sonner les cloches tant de la paroisse N.-D.
de Pontorson que de la paroisse de Cendres, en la présence accoutumée... » Le commissaire fit faire une description de la ville et de la paroisse et plaça des pierres bornales (1).

<hr>

(1) Extrait par le docteur Hédouin, maire de Pontorson en 1817, d'un
mémoire pour les habitants imprimé à Rouen en 1770; Rapport de L.

Les représentants de la Bretagne n'avaient pas été convoqués à cette opération qui ne pouvait anéantir leurs droits. Ils ne protestèrent pas cependant; doit-on croire qu'ils allèrent plus loin, qu'ils admirent enfin l'existence de l'enclave normande? On lit dans une lettre du contrôleur général d'Ormesson du 27 janvier 1769 : « Les Etats de Bretagne ont reconnu ces faits d'une manière bien positive, dans une requête qu'ils présentèrent au Conseil en 1758 par le ministère de M. de Gennes de la Motte, leur avocat » (1). Nous n'avons pu retrouver ce mémoire, mais nous doutons qu'il renfermât une adhésion complète et formelle (2). Après la conférence contradictoire des 27-29 juin 1746, des conflits parfois violents s'étaient encore produits entre le procureur du Roi de la sénéchaussée de Bazouges et son collègue de la vicomté de Pontorson (3). En 1758 et même en 1762, c'est-à-dire postérieurement au mémoire de La Motte de Gennes, les

Tanguy, maire en 1834, et lettre du préfet de la Manche du 7 mars 1835. (Arch. d'Ille-et-Vilaine, liasses 9 S 3, 16 P 18 et 7 M 1.)

(1) Cette lettre, adressée à M. de la Bourdonnaye de Boishulin, procureur général syndic (Arch. d'Ille-et-Vilaine, C. 1759) fut transmise le 10 février à la commission intermédiaire qui l'enregistra sans observation (C. 3822, p. 1112-1114).

(2) D'Ormesson interprétait tous les faits de la cause dans un sens très favorable aux Normands: il veut voir dans le fait que les Etats n'ent pas fait travailler à la route de Dol à Pontorson plus loin que Villecherel un aveu tacite de leur part que le surplus n'est pas de leur province. Nullement : les Etats s'étaient arrêtés à Villecherel parce qu'ils craignaient que le terrain voisin leur fut enlevé et ils ne voulaient pas travailler au profit des Normands.

(3) Un mémoire de 1747 de M. J. Chevalier du Colombier, procureur du roi à Bazouges, réclame que N. Sanson, procureur du roi à Pontorson, coupable de quelques vivacités, soit condamné à lui payer des dommages et intérêts et à venir faire amende honorable dans la grand'chambre du Parlement de Bretagne (Arch. d'Ille-et-Vilaine, papiers de la Magnanne).

Etats chargèrent leurs députés à la Cour de demander
l'attribution de toute la paroisse à leur province, mais
à la même époque ils prétendaient obliger leurs adversaires à entretenir les chaussées, ponts et canaux situés
dans le territoire litigieux. Comme ni les Normands ni
les Bretons ne se souciaient de faire des travaux dis-
pendieux au profit d'une paroisse qu'ils n'étaient pas
certains de conserver, la chaussée de Villecherel n'était
plus entretenue et tombait dans un état déplorable.
Les voyageurs qui voulaient prendre la grand'route
de Pontorson à Dol devaient faire un détour considé-
rable et passer par le chemin également médiocre qui
suivait le bord du marais (1).

Au XIIe siècle, les Normands avaient consolidé leurs
droits ou leurs prétentions sur le bourg de Cendres en
y fondant un hôpital; au XVIIIe siècle, un nouveau
service rendu au public leur donna de nouveaux titres
à la possession du marais voisin : ils firent tous les
frais de la réfection de la chaussée de Villecherel. Si
les commissaires des Etats de Bretagne avaient été
plus éclairés et moins dominés par un esprit de mala-
droite parcimonie, ils n'auraient pas ainsi renouvelé la
faute commise en 1584 lorsqu'ils avaient refusé de contribuer à la reconstruction du pont de Pontorson et
rejeté l'occasion que leur offraient alors le Roi et les
Normands de reconnaître que le Couesnon délimitait les
deux provinces. Ils consentirent avec empressement en

(1) Lettres de M. de Montlouet, de Pleine-Fougères, des 29 août et
19 septembre 1755 et du 1er juillet 1758, de l'intendant de Caen du 8 mai
1758, etc. (Arch. d'Ille-et-Vilaine, C. 3777). — Rapport de l'évêque de
Dol aux Etats de 1758 (*Ibid.*, C. 3892).

1769 à ce que la chaussée fut construite et entretenue
aux frais de la généralité de Caen; les nombreux documents concernant l'entretien de la route de Dol à Pontorson de 1769 à 1790 (1) attestent que la tâche de
la Bretagne s'arrêta désormais à la sortie du village
de Villecherel; en cet endroit, à 1.504 mètres à l'Ouest
du Couesnon, les Etats firent planter un poteau qui
subsistait encore en 1810 (2).

Les principaux domaines de Cendres appartenaient
à des Normands, aux familles Sanson de la Saudraye
(terre de la Croix Lorin), de Marsbodin, de Saint-Genis
(les Grands Prés), à la fabrique de Pontorson (terre
de la Trigalle et plusieurs champs). Enfin le Roi vendit
à la communauté de Pontorson tout le marais du Domaine entre la ville et Villecherel (3). Les Normands
défrichaient et desséchaient les terres; leurs tenanciers
exploitaient des fermes qui s'étendaient sur les deux
rives, car les habitants de la Normandie et de la Bretagne jouissaient dès le XVᵉ siècle (4) d'une sorte de

(1) Arch. d'Ille-et-Vilaine, C. 2273, 2286, 4750, etc. — Le pont du Ruisseau français sur la route de Fougères à Saint-Hilaire-du-Harcouet fut
construit à frais communs, en 1777-1778, par la Bretagne et la Normandie
(C. 2287).

(2) Ce poteau est fréquemment mentionné dans les rapports adressés
au préfet d'Ille-et-Vilaine au sujet des demandes de modification de la
frontière départementale. Par contre, on ne cite jamais les bornes qui
avaient été placées par le conseiller Ynor d'Anctoville en 1765.

(3) En 1783. (Archives de la Manche, C. 243.)

(4) Actes de 1493 et années suivantes visés dans un arrêt du Parlement
de Bretagne du 23 mars 1645 concernant le droit que les habitants de
Sougeal ont de communer sur les marais de Boucey et d'Aucey et réci-
proquement les habitants de ces deux paroisses sur le marais de Sougeal.
(Arch. d'Ille-et-Vilaine, série G paroisses, titres de Sougeal.) — En 1774,
les habitants de Sougeal s'opposèrent, à raison de ce droit, au projet de
desséchement des marais d'Aucey et de Boucey. (Arch. Nationales, H.
1496.) — Voir aussi la liasse C. 241 des Archives de la Manche.

droit d'usage réciproque sur les marais que traverse le Couesnon entre Sougeal et Moidrey. Les bourgeois de Pontorson étaient les premiers intéressés à ce que les communications fûrent aussi faciles vers l'Ouest de leur ville que vers l'Est.

Les Bretons finirent par prendre sagement leur parti de l'avantage que le voisinage de Pontorson assurait à leurs adversaires. Quelques-uns auraient même voulu étendre l'enclave normande bien au-delà des limites de Cendres. On constata en 1769 que des paroissiens de Saint-Georges de Gréhaigne se disaient habitants du Marais franc qu'ils étendaient fort loin du territoire litigieux; ils en profitaient pour ne payer ni lods et ventes, ni franc fief, ni droits domaniaux sous prétexte que ces terrains faisaient partie de la Normandie (1). Ils se gardaient donc de revendiquer la qualité de Bretons, bien que, d'après leurs voisins de Normandie, les Bretons fussent grevés d'impôts moins lourds que les Normands.

Quelques années plus tard, c'était un important fonctionnaire breton qui adhérait à la thèse normande. On lit dans un rapport adressé le 24 novembre 1776 à l'intendant par l'ingénieur des ponts et chaussées Dorotte : « La rivière de Couesnon ne forme pas la limite expresse des provinces de Bretagne et de Nor-

---

(1) Mémoire présenté aux commissaires des États pour les domaines et contrôles par Marguerite Lemué, veuve de Jean Nozambourg, acquéreur d'une petite ferme aux Hautes Grèves, près le Pas au Bœuf, au marais de « Batila ». (Arch. d'Ille-et-Vilaine, C. 5226.) — On a vu *supra* que l'exemption de lait des lods et ventes et autres droits, dont jouissaient les propriétaires du territoire contesté, avait été déjà constatée en 1171.

mandie. En effet, on a construit tout nouvellement aux frais de la généralité de Caen une très belle partie de route qui prend sa naissance à la rive gauche de la rivière, c'est-à-dire au pont de Pontorson, et s'étend perpendiculairement dans environ huit à neuf cent toises de longueur jusqu'à l'entrée du village de Villecherel, partie dont les habitants payent les impositions dans la province de Normandie. D'ailleurs, le territoire de la paroisse de Saint-Georges de Gréhaigne, dont le bourg est en Bretagne, à environ un tiers de lieue de la rive gauche du Couesnon, est coupé par cette rivière et comprend une assez grande étendue à la rive droite de la même rivière » (1).

Cendres avait été longtemps une paroisse contestée; on tendait de plus en plus à reconnaitre qu'elle était une « paroisse partagée ». Aussi, en 1789, les habitants furent-ils convoqués à Avranches aussi bien qu'à Fougères pour la rédaction des cahiers de doléances à soumettre aux Etats Généraux (2). Leur recteur, Pierre-Joseph Pirois, se fit représenter à l'assemblée du bas-clergé du diocèse de Dol par Forget, recteur de Baguer-Pican (3); il avait aussi été convoqué — à tort — à

(1) Rapport rédigé à l'occasion d'un projet de canalisation du Couesnon élaboré par les ingénieurs bretons. (Arch. d'Ille-et-Vilaine, série G. Intendance, 2ᵉ supplément; liasse jadis cotée 1 Z 414.)

(2) Pleine-Fougères, Roz-sur-Couesnon, Sougeal et Vieuvicl furent convoquées à Rennes et à Fougères : les deux premières paroisses comparurent à Rennes, les deux autres à Fougères. (Tableau 1 et 2 de l'*Atlas des baillages... ayant formé unité électorale en 1789*, par A. Brette, Paris, 1901, in-fᵒ.) La carte 31 de cet atlas pousse les limites de la Bretagne jusqu'au Couesnon et attribue le territoire de Cendres à la sénéchaussée de Rennes, au lieu de Fougères : double erreur.

(3) Cahier du bas-clergé du diocèse publié par F. Delarue, *Le Clergé*

l'assemblée du clergé du diocèse d'Avranches; il y envoya comme procureur l'abbé Boëssel, curé de Pontorson (1).

3° *De* 1790 *à* 1835.

A la même époque, la publication de la feuille 128 de la carte de Cassini, qui comprend le Sud du territoire de Cendres, fournit aux Normands un document nouveau auquel les circonstances donnèrent une valeur décisive. A Pleine-Fougères et aux environs, la carte avait été levée en 1784 et 1785 par l'ingénieur-géographe Jean-François Micas, guidé sur le terrain par des « indicateurs », c'est-à-dire par des paysans désignés par les recteurs (2). Le géographe aurait pu trouver au greffe des Etats tous les renseignements nécessaires pour accomplir exactement son travail qui était fait aux frais de la province et sous le contrôle de la Commission intermédiaire; cependant Micas, ou le graveur, commit une erreur singulière : sur cette feuille gravée en 1789 ou 1790 la limite du diocèse de Dol ne comprend pas le canton normand de Cendres qu'elle attribue ainsi au diocèse d'Avranches.

Or la carte de Cassini servit de base à la division des anciennes provinces en départements accomplie par

et *le Culte catholique en Bretagne pendant la Révolution. District de Dol.* Rennes. 1910, in-8°, t. VI. p. 208.

(1) Pigeon. *Le Mont Saint-Michel et sa baronnie de Genets.* Avranches, 1901, in 8°. p. 101, 105.

(2) Archives d'Ille-et-Vilaine, C. 4924 4925.   Les limites des diocèses ne sont pas marquées sur la feuille 127, gravée avant 1781, qui comprend le Nord de Cendres.

l'Assemblée Constituante aux mois de janvier et de février 1790. Le décret général fut rendu le 26 février et promulgué par le Roi le 4 mars (1).

Ces documents comptent la Manche et l'Ille-et-Vilaine parmi les départements formés l'un de la Normandie, l'autre de la Bretagne; on doit donc admettre que les circonscriptions nouvelles reçurent la même frontière que les deux anciennes provinces. Cette frontière étant contestée, la discussion aurait pu se renouveler si une carte n'avait été annexée au procès-verbal. Sur cette carte, qui n'est autre que la carte de Cassini, des colorations exécutées sous la surveillance des députés des régions intéressées distinguent les nouvelles circonscriptions administratives. Or dans la petite région qui nous occupe, le liseré jaune de l'Ille-et-Vilaine suit la limite du diocèse de Dol, limite inexacte comme nous l'avons dit en ce qui concernait ce diocèse, mais qui était celle des deux cantons normand et breton. Le liseré ne comprend que le canton Ouest de Cendres et laisse à la Manche la fameuse enclave.

Des expéditions authentiques de la carte furent déposées dans les archives des chefs-lieux des départements (2). Peu de personnes sans doute les consultèrent; dans le

(¹) Quelques points particuliers firent l'objet de décrets spéciaux rendus pour la Manche les 11 et 27 janvier, pour l'Ille-et-Vilaine les 14, 19, 23 et 30 janvier; aucun de ces actes ne concerne la région de Pontorson.

(2) Les cartes-minutes sont conservées aux Archives Nationales (cotes N 99 et N 249 pour l'Ille-et-Vilaine). L'expédition envoyée dans la Manche existe toujours à Saint-Lô, mais on a constaté en 1886 que la carte correspondante envoyée à Rennes avait disparu des Archives Départementales. — Une partie de la carte originale a été reproduite en fac-simile dans la brochure *Baie du Mont Saint-Michel. Délimitation...* dont il sera parlé dans la troisième partie de cette étude.

pays de Dol on voulut croire que l'Assemblée Constituante avait condamné la vieille usurpation des Normands. Un projet de réduction du nombre des paroisses élaboré au commencement de 1791 par le directoire du district de Dol nomme Cendres parmi les paroisses à supprimer et en prévoit le rattachement à Saint-Georges de Gréhaigne. Il ressort d'une lettre de J.-P. Sérel, procureur de cette dernière commune, que dans la pensée des fonctionnaires dolois le territoire à rattacher s'étendait jusqu'au Couesnon et comprenait même l'hôpital que la municipalité administrait sans droit, au dire de Sérel. Le procureur qui était allé sur les lieux étudier l'état des esprits reconnut qu'ils étaient assez mal disposés : il prévint les administrateurs du district que les Pontorsonnais trouveraient à l'Assemblée Nationale un avocat dans la personne de leur vicomte, Burdelot, qui était l'un des députés du tiers-état de l'Avranchin : « J'ai cru qu'il étoit de mon devoir de vous informer de ces menées sourdes et intrigantes qui caractérisent si bien MM. les Normands. » (1) Sérel se trompait dans ses pronostics; les Normands ne cherchèrent pas des moyens détournés. Ils employèrent la « manière forte » comme avaient fait au XVe siècle les vicomtes Guillaume Le Fèvre ou Guillaume Le Roy, qui allaient si délibérément saisir les récoltes des Cendrillons récalcitrants.

Le 23 juillet 1792, un arpenteur, Delabarre, chargé par le directoire de Dol de lever la carte du district,

(1) Lettre du 6 mai 1791 aux Archives d'Ille-et-Vilaine, série L, district de Dol, circonscription des Paroisses.

s'étant avisé de pénétrer sur le territoire de Cendres (canton Est), le maire de Pontorson, Hédouin, et l'officier municipal, Rouilly, le firent saisir par quatre fusiliers qui le conduisirent en dehors de la commune (1); Plus tard, lorsque des habitants du canton Ouest voulurent entrer dans le cimetière de leur ancienne paroisse pour y enterrer leurs morts, les administrateurs de Pontorson les firent expulser par des gendarmes (2).

Le canton Est étant uni à la ville voisine, le canton Ouest devint autonome (3), et il eut ses registres d'état civil particuliers (4). Jusqu'à l'an XII, on trouve le nom de Cendres sur la plupart des listes des communes d'Ille-et-Vilaine, étrange commune, car elle ne possédait qu'une population d'une centaine d'habitants (5). L'administration municipale était vraisemblablement peu occupée; elle dressait cependant ses rôles particuliers de contributions directes : le rôle de 1791 ne

(1) Arch. d'Ille-et-Vilaine, *ibid.*

(2) Lettre du préfet au ministre du 8 ventôse an XII. (Arch. d'Ille-et-Vilaine. 7 M 1.)

(3) Les trois communes mixtes entre le Maine et la Normandie, Lesbois, Saint-Fraimbault et Vaucé, se trouvèrent, comme Cendres, partagées entre deux départements, parce que la Constituante décida que le département de la Mayenne « serait borné au Nord par la Normandie ».

(4) Le dernier acte inscrit sur les registres paroissiaux date du 21 septembre 1791. Les registres, chiffrés à Rennes et à Bâzouges et remontant à 1633, se trouvent à la mairie de Pontorson, ainsi que deux registres des sépultures de l'hôpital chiffrés à Avranches et remontant à 1730. Le greffe du Tribunal civil de Saint-Malo possède le double des registres paroissiaux de 1753 à 1790. (Paris-Jallobert, *Registres Paroissiaux d'Ille-et-Vilaine... Cendres.*) Les registres de la commune réduite au canton Ouest de 1792 à l'an XII sont à la mairie de Pleine-Fougères.

(5) Quatre-vingt-dix-neuf habitants en 1792, d'après M. Delarue (*Le Clergé et le Culte catholique...*, T. IV, p. 7), 102 en l'an XII, d'après une lettre adressée le 8 ventôse par le préfet au ministre de l'intérieur. (Arch. d'Ille-et-Vilaine, 7 M 1.)

comprenait que 42 articles donnant un total de 116 livres 10 deniers (1).

Si misérable qu'elle fut, cette commune prétendait subsister; des requêtes furent adressées en l'an IX aux préfets de Saint-Lô et de Rennes pour que les deux tronçons de Cendres fussent réunis et rattachés l'un et l'autre à l'Ille-et-Vilaine; ces démarches avaient été provoquées, dit-on, par le curé constitutionnel (2) qui désirait devenir pasteur d'une paroisse moins dérisoire.

L'année suivante, une demande analogue fut présentée par Pleine-Fougères avec cette différence toutefois que la municipalité demanderesse réclamait la suppression de la municipalité voisine et la réunion de tout le territoire à sa propre circonscription. Il est superflu de dire que le préfet de la Manche et le maire de Pontorson soulevèrent contre ces projets une foule d'objections et que les fonctionnaires de l'Ille-et-Vilaine s'en montrèrent généralement partisans.

La promulgation du Concordat et la restauration du culte donnèrent à la solution de la question un certain caractère d'urgence. Un projet de nouvelle circonscription des paroisses élaboré par l'évêque de Rennes au commencement de l'an XI (3) prévoyait la conservation de l'église de Cendres réunie avec le titre d'ora-

---

(1) Note sur l'histoire de Cendres (très exacte) adressée par le géomètre en chef au préfet d'Ille-et-Vilaine au mois de janvier 1831. (Arch. d'Ille-et-Vilaine, 7 M 1.) En l'an XII, les habitants payaient 58 francs de contribution personnelle, le territoire était imposé à 216 francs de contribution foncière (*ibid.*)

(2) Lettre du préfet d'Ille-et-Vilaine au ministre de l'intérieur, 8 ventôse an XII. (Arch. d'Ille-et-Vilaine, 7 M 1.)

(3) Arch. d'Ille-et-Vilaine, 3 V 1.

toire à la circonscription paroissiale de Pleine-Fougères. Évidemment l'évêque croyait que l'église de Cendres se trouvait dans son diocèse; l'erreur était excusable car la carte de délimitation du diocèse délivrée le 10 avril par le cardinal Caprara donnait le Couesnon comme frontière aux deux diocèses de Coutances et de Rennes. Cette carte était donc en contradiction formelle avec la carte de délimitation des départements, mais l'erreur de la carte de 1802 (1) n'avait qu'une importance très secondaire, puisque le texte du concordat stipulait explicitement que les diocèses auraient les mêmes limites que les départements; il était donc contraire au concordat aussi bien qu'au droit ecclésiastique que l'évêque de Rennes établît un desservant dans une église située dans un département voisin (2). Il était impossible d'autre part d'affecter un prêtre au petit troupeau qui restait en Ille-et-Vilaine.

Le préfet jugea que la reconstitution de la paroisse présentait trop peu d'intérêt pour qu'il fût à propos de poursuivre la modification de la limite du département; le 14 frimaire an XII, il signa un arrêté qui condamnait définitivement la paroisse de Cendres

(1) Cette erreur existe sur la carte du diocèse de Coutances, dont une partie a été reproduite en fac-similé d'après l'exemplaire des Archives de l'Évêché dans la brochure *Baie du Mont Saint Michel... Délimitation...* Il est vraisemblable que la même faute se trouve sur la carte correspondante du diocèse de Rennes.

(2) D'après Guillotin de Corson (*Pouillé Historique...* T. V. p. 163), l'église et le presbytère furent donnés à la fabrique de Pontorson, qui le vendit à l'hôpital. L'église a été rasée : la route de Pontorson à Dol passe sur l'emplacement; le presbytère a été cédé par l'hôpital à un particulier.

et qui semblait devoir clore à tout jamais la discussion (1) :

« Le préfet du département d'Ille-et-Vilaine,

« Vu les différentes pétitions du maire de la commune de Cendres tendant à ce que le Couesnon soit établi pour limite entre cette commune et celle de Pontorson, les délibérations prises par le conseil d'arrondissement de Saint-Malo et le dernier avis du sous-préfet en date du 25 vendémiaire dernier;

« Considérant que la partie du terrain située à l'Ouest de Pontorson réclamée par la commune de Cendres était avant la Révolution administrée au nom de la ville de Pontorson, de l'aveu du conseil d'arrondissement, que l'hôpital situé près de l'église et du presbytère dans la partie réclamée a toujours appartenu à Pontorson et a été dirigé par les autorités de la même ville; que la police était exercée dans le bourg de Cendres par les juges de la ci-devant vicomté de Pontorson; que les procès s'y instruisaient en première instance et se portaient en appel devant les juges du bailliage d'Avranches; que tout tend à prouver que la partie réclamée appartenait à la Normandie pour le civil et à l'évêché de Dol pour le spirituel seulement et que la juridiction ordinaire pouvait seule servir de loi à la démarcation du territoire entre les deux provinces;

_____

(1) Arch. d'Ille-et-Vilaine, 7 M 1. — Dès le 7 thermidor an XI, Meunier avait pris un arrêté (même liasse); mais, moins explicite et moins complet, il ne renferme que la première partie du dispositif : le préfet arrête que le canton Est appartient à la Manche, il ne décide rien en ce qui touche le canton Ouest.

« Considérant de plus que vérification faite de la carte sur laquelle les députés de Bretagne à l'Assemblée Constituante ont tracé eux-mêmes les lignes de démarcation du département, la partie réclamée de la commune de Cendres est mise en dehors de cette démarcation signée par les députés et qu'elle est laissée dans le département de la Manche, cette carte étant déposée aux Archives de la Préfecture;

« **Arrête** que le terrain réclamé au nom de la commune de Cendres, dans lequel se trouve l'ancienne église de la paroisse, fait partie du département de la Manche et du territore de Pontorson et que la division ecclésiastique étant maintenant déterminée par les divisions civiles, il y a lieu de considérer cette portion de terrains comme appartenant à la commune de Cendres (*sic*) (1) ou au département de la Manche;

« Arrête que les autres parties de la commune qui ne sont point administrées par la municipalité de Pontorson, mais qui sont dans l'arrondissement de Saint-Malo, sont réunies à la commune de Pleine-Fougères et que les contributions seront versées à la caisse du même percepteur.

« Le présent sera soumis à l'approbation du ministre de l'intérieur. »

MOUNIER.

Le 5 nivôse, le préfet envoya au ministre de l'Intérieur cet arrêté qu'il qualifiait d'avis : « Comme je me borne à confirmer une démarcation existante et

______

(1) La minute et les expéditions portent Cendres, mais Mounier a évidemment voulu écrire Pontorson.

déjà suivie et que je suis d'accord avec le préfet voisin, je n'ai pas cru devoir réclamer auprès du gouvernement un arrêté de fixation de limite. » Le dossier ne
renferme pas la réponse du ministre. L'approbation
ministérielle réservée à la dernière ligne de l'arrêté
n'aurait pas été une formalité superflue, car le préfet
d'Ille-et-Vilaine n'avait pas qualité, semble-t-il, pour
arrêter qu'un certain territoire faisait partie d'un département voisin.

L'évêque de Rennes supprima la succursale de Cendres par une ordonnance du 27 messidor an XI.

Cendres n'existait plus, mais pendant trente ans encore la municipalité de Pleine-Fougères renouvela ses
protestations contre la délimitation du département.
En 1806, en 1814, en 1819, en 1830, en 1833, le conseil municipal demanda que la limite orientale de la
commune fût portée du Couesnon. Les pétitions du
conseil et même des rapports de nombreux fonctionnaires affirment que le décret de création des départements du 30 février 1790 a donné cette rivière comme
frontière à l'Ille-et-Vilaine. Cette assertion surprend,
car ni ce décret, ni les décrets préliminaires ne renfer-
ment le nom du Couesnon (1). Mais on doit reconnaitre qu'il n'était pas difficile de signaler des erreurs

(1) Peut-être les habitants de l'Ille-et-Vilaine attribuèrent-ils au Couesnon les dispositions générales de l'article 3 du titre I du grand décret du
30 janvier 1790 : « Lorsqu'une rivière est indiquée comme limite entre
deux départements ou deux districts, il est entendu que ces deux départements ou les deux districts ne sont bornés que par le milieu de la rivière. » Le Couesnon n'étant pas « indiqué comme limite », cette dispo-
sition ne le concerne pas. Le procès-verbal de délimitation du 26 février 1790 (Arch. de la Manche, M. 71) ne le nomme pas davantage.

ou des irrégularités dans les opérations qui avaient suivi l'établissement des nouvelles circonscriptions communales : le procès-verbal de démarcation de Pontorson n'avait pas été dressé contradictoirement avec Pleine-Fougères; le partage de la commune n'avait pas été sanctionné par l'autorité supérieure... Enfin, la frontière légale des deux départements était établie d'une façon singulière et incommode : le procès-verbal de délimitation de Pleine-Fougères du 23 mai 1830 le constatait de façon bien évidente. On lit à l'article 1 qu'une maison de Villecherel était traversée par la limite de deux départements! Les préfets d'Ille-et-Vilaine instruisirent toutes ces réclamations avec une remarquable patience, mais impressionnés par les précédents historiques, convaincus surtout que l'administration de l'hôpital municipal de Pontorson présenterait d'insurmontables difficultés si une modification des limites l'enlevait au département de la Manche, ils conclurent toujours d'une façon plus ou moins formelle au maintien de l'état de choses qui subsistait depuis tant de siècles (1).

Ces protestations du conseil municipal de Pleine-Fougères se produisaient à l'occasion de divers incidents de la vie locale tels que la délimitation de la commune, l'exécution du plan parcellaire ou le partage des marais du Domaine et du Mesnil situés entre le Couesnon et Villecherel qui appartenaient l'un aux habitants de Pontorson (2), l'autre aux habitants de certains villa-

(1) Arch. d'Ille-et-Vilaine, 7 M 1, 16 P 18 et 9 S 2.
(2) En vertu de la vente consentie par le roi en 1782. Les deux marais

ges de Pleine-Fougères. Les habitants de l'ancien canton normand ne manifestèrent jamais aucun désir d'être réunis à leurs anciens paroissiens devenus citoyens d'Ille-et-Vilaine.

Généralement les demandes des conseillers municipaux, simples paysans fort mal renseignés sur l'état de la question (1), furent mollement soutenues par le sous-préfet et par le conseil d'arrondissement de Saint-Malo. Mais Pontorson et le département de la Manche eurent aussi à repousser les revendications d'une association puissante et éclairée.

L'Association des propriétaires du marais de Dol constituée le 30 nivôse an VII en exécution de la loi du 4 pluviôse an VI est chargée de diriger et d'exécuter les travaux de défense et de dessèchement des terrains situés au-dessous des plus hautes marées d'équinoxe. Les taxes établies par l'association sur les propriétés comprises dans « l'enclos submersible » sont exécutoires quand elles ont été approuvées par le préfet d'Ille-et-Vilaine. Les limites et l'étendue de l'enclos ont été déterminées lors des enquêtes des conseillers au Parlement Descartes (1642-1643) et La Motte-Picquet (1736-1737) complétées et revisées par le nivellement général du marais exécuté par les ingénieurs

restèrent indivis entre les deux communes jusqu'à 1833. (Archives de la Manche, C. 243 et 249; Archives d'Ille-et-Vilaine, série M, dossier Pleine-Fougères.)

(1) Leurs demandes variaient : en 1806-1807, la Municipalité admettait que le Couesnon était bordé des deux côtés par Pontorson; la discussion portait sur l'emplacement de la frontière dans le marais de Villecherel. Antérieurement et plus tard, ils réclamèrent tout le territoire de Cendres jusqu'au Couesnon.

Anfray et Gagelin en exécution du décret du 24 février 1793. Cendres, qui n'avait pas été compris dans les visites du Marais faites aux XVIe et XVIIe siècles, ne fut pas oubliée en 1736 par La Motte-Picquet; sa part de l'enclos submersible fut évaluée a 160 journaux et 70 cordes (1).

Comme on l'a vu, les habitants de Cendres avaient adhéré un peu à la légère aux décisions de La Motte-Picquet homologuées par le Parlement de Bretagne; ils avaient répondu le 29 juin à sa convocation et nommé deux châtelains le 28 octobre 1736 (2). La nouvelle Association du Marais invita les représentants de l'ancienne paroisse de Cendres à envoyer des délégués aux réunions; l'invitation s'adressait aux habitants qui étaient devenus citoyens de Pontorson, car les terres qualifiées submersibles se trouvaient dans le canton Est réuni à la ville normande depuis le 30 janvier 1790.

Le maire de Pontorson, le docteur Hédouin, soutenu par le préfet de la Manche, refusa de laisser nommer des délégués et de faire payer les taxes édictées par le conseil de l'association; il souleva des objections de fait et de droit développées dans des mémoires intéressants. Il niait que des terres submersibles existassent à Cendres, que les travaux exécutés et projetés par l'association présentassent de l'intérêt pour ses administrés, et enfin que le Parlement de Bretagne ou une

(1) Le journal vaut 48 ares 62, la corde 60 ares 78; un journal renferme 80 cordes.
(2) Archives d'Ille-et-Vilaine, C. 3777.

association formée en Ille-et-Vilaine possédassent le droit d'établir des règlements ou de lever des contributions en dehors de l'ancien canton breton; quant à l'adhésion des habitants aux opérations de Picquet de la Motte, « aucun de ceux de la partie normande n'y assista malgré l'ardent désir qu'ils avaient de passer sous l'administration de la Bretagne où les charges publiques étaient bien moins onéreuses qu'en Normandie (1); enfin ceux-ci (les Normands) n'avaient aucun motif de s'opposer à la confection de ces légers travaux (prescrits par La Motte-Picquet) puisqu'on ne les leur faisait pas payer » (2)... Pour écarter la requête de l'association du Marais, le maire de Pontorson et le préfet de la Manche usèrent de tous les moyens dilatoires que procure la science administrative; ils employèrent aussi la force d'inertie. Cependant la somme réclamée à Cendres augmentait d'année en année, car le conseil ne renonçait pas à comprendre les propriétaires récalcitrants dans toutes les taxes nouvelles. En 1809, la

(1) On peut rapprocher de cette observation le curieux passage du *Formulaire des Esleus* du président La Barre (Rouen, 1627, in-12, p. 413-414) : « Journellement, en ce pays bas de Normandie, on les voit (les habitans) tout quitter et passer en Bretaigne où ils ne payent point de taille, mais seulement quelque fouage, qui est un peu de redevance de trois ans en trois ans par feu, suivant le traité qui se fit quand Anne, duchesse de Bretaigne, espousa Charles VIII. Et n'estoit la rigueur que l'on y tient, à cause de l'octroy, de les tenir tousiours enrollés et les faire payer ayant de quoy, il y en auroit en grand nombre qui déguerpiroient la Normandie, pauvre nation anomalement traitée sujette à toutes les influences et dégouts des partisans pour estre de tout temps tellement affaissé à toutes les inventions des Exacteurs qu'à peine peuvent-ils respirer sous la paix. »

(2) Observations présentées par les Normands lors de la vérification des terrains en 1817-1818.

dette atteignait 5.000 fr., somme relativement élevée qui devait être répartie sur 33 contribuables seulement (1).

Le 29 mai 1810, le préfet d'Ille-et-Vilaine ordonna aux débiteurs de payer et décerna une contrainte, mais son collègue de la Manche, le comte de Vanssay, répondit, six ans plus tard, le 24 décembre 1816, par un rappel justifié à l'art. 32 de la loi du 28 avril 1836 interdisant toute levée de contributions autre que celles qui sont autorisées par la loi.

Après quelques huit ou dix ans de correspondance entre les deux administrations départementales, une vérification des terrains fut faite contradictoirement les 8 décembre 1817 et 4 février 1818; elle fit reconnaître qu'une partie des terrains était véritablement située au-dessous des plus hautes mers. Toutefois divers travaux exécutés dans la commune et notamment la construction de la chaussée de Villechérel les mettait presque complètement à l'abri des effets de la marée. Peut-être aurait-il été équitable et raisonnable de décider que les propriétaires de Cendres contribueraient au paiement des travaux exécutés, mais qu'ils seraient exonérés de toute participation aux travaux à venir. La première partie de cette solution ne pouvait plaire aux Normands et la seconde fut repoussée par les Bretons.

Après un nouvel échange de mémoires et de rapports, l'affaire fut soumise au ministre de l'intérieur

(1) La propriété la plus importante était l'hôpital : 39 hectares 20.

qui, le 30 novembre 1818, après avoir pris l'avis du
directeur général des Ponts et Chaussées, déclara que
la somme réclamée était effectivement due par les propriétaires du canton Est de Cendres. Il restait à obtenir le visa du préfet de la Manche pour que la contrainte du préfet d'Ille-et-Vilaine devînt exécutoire;
le comte de Vanssay fit attendre neuf mois cette su-
prême formalité. Il se résigna à donner sa signature
le 7 septembre 1819; la contrainte atteignait 8.359 francs
84 centimes, y compris la cotisation de 1818. Le conseil de l'Association du Marais n'avait pas voulu accor-
der la réduction demandée par le préfet d'Ille-et-Vilaine.

Cette somme fut-elle payée? Nous avons de fortes
raisons d'en douter. Nous l'avons vainement cherchée
sur les registres des recettes encaissées par l'association.
D'autre part, on constate que les propriétaires de Cendres toujours convoqués aux réunions jusqu'à 1833,
mais toujours défaillants, ne payèrent jamais les taxes
annuelles qui leur furent assignées : 540 fr. en 1819,
342 en 1831, 410 en 1833 (1)... On retrouve réguliè-
rement ces petites sommes suivies de la mention « n'a
jamais été payé » au compte rendu de l'exercice finan-
cier, au chapitre des non-valeurs. Notons encore que
le 5 juin 1834 le maire de Pontorson, L. Tanguy, écrivait, non sans un certain accent de triomphe, que
toutes les tentatives pour faire contribuer Cendres

(1) *Procès-verbaux des délibérations prises en assemblées générales par
les représentants des propriétaires du marais de Dol*, premier volume. Rennes, 1859, in-8°, p. 155, 311, 371, 382, 603, 625.

aux digues de Dol avaient constamment échoué (1). Il est vraisemblable que les propriétaires estimèrent que l'avis du ministre n'était pas un titre suffisant pour qu'on étendit à des terres du département de la Manche l'effet d'une loi établie pour des terres de l'Ille-et-Vilaine. Si l'Association du Marais essaya de soutenir ses prétentions en justice, elle perdit sans doute son procès.

La dernière protestation bretonne contre « l'envahissement des Normands » fut présentée par le conseil municipal de Pleine-Fougères en 1833; elle fut appuyée d'une sorte de consultation historique du trop célèbre abbé Manet, œuvre médiocre qui provoqua une riposte spirituelle, mais peu exacte, de L. Tanguy, maire et historien de Pontorson (2). La correspondance administrative motivée par la demande de la municipalité de Pleine-Fougères s'éteignit en 1835.

Ce fut le dernier épisode, croyons-nous, de la vieille querelle qui régnait depuis quatre ou cinq siècles au moins entre les habitants de Pontorson et leurs voisins de la rive gauche du Couesnon; mais quelques années plus tard le partage des polders de la baie du Mont Saint-Michel allait fournir aux Normands et aux Bretons une nouvelle occasion de manifester leur zèle pour les intérêts de leurs provinces respectives.

(1) Arch. d'Ille-et-Vilaine : 16 P 18.

(2) Arch. d'Ille-et-Vilaine : 16 P 18. — L. Tanguy est l'auteur d'une *Notice sur la ville de Pontorson* publiée dans le premier volume (année 1842) des *Mémoires de la Société d'Archéologie d'Avranches*. — En 1831, il obtint la réunion à sa commune de Pontorson de 100 hectares de la commune de Boucey, habités par 120 personnes.

II

LES PETITES VERDIÈRES

Jusqu'à 1814, un petit terrain appelé les Verdières de Bretagne ou les petites Verdières a fait partie de la commune de Saint-Georges de Gréhaigne (Ille-et-Vilaine), bien qu'il soit situé sur la rive *droite* du Couesnon, assez large en cet endroit et difficile à traverser. Les terres qui de tous côtés entourent les petites Verdières ont toujours appartenu à la commune de Moidrey (Manche); en 1807, les maires des deux communes intéressées déclaraient ignorer les limites exactes de l'enclave qui était occupée à cette époque par une maison de ferme, quelques bâtiments d'exploitation et une prairie.

L'existence de ce petit coin de terre bretonne sur la rive normande était bien connue au XVIIIe siècle; nous avons vu que les défenseurs de la Normandie en tirèrent parti toutes les fois que les avocats de la Bretagne voulurent ériger en principe que le Couesnon était la frontière des deux provinces. On ne connaît pas l'origine de cette enclave, à laquelle on attribuait en 1772 une superficie de 35 journaux (16 hectares 92); deux hypothèses peuvent être envisagées : ou bien les Verdières ont été séparées du territoire de Saint-Georges de Gréhaigne par un changement du cours du Couesnon; ou bien ce terrain a été attribué à la Bretagne à la suite d'une confusion entre la circonscription paroissiale de Saint-Georges et celle du domaine du prieuré qui s'étendait sur Saint-Georges et sur Moidrey.

Les divagations du Couesnon au milieu des grèves du Mont Saint-Michel ont désolé pendant des siècles les paroisses riveraines; lorsque le fleuve venait longer la côte, et surtout la côte bretonne basse et mal défendue, il occasionnait à chaque marée des afouillements où s'engloutissaient des champs fertiles. S'il s'éloignait et si pendant dix ou vingt ans il allait ravager la côte normande, les habitants de Saint-Georges et de Roz-sur-Couesnon reprenaient confiance. Ils cultivaient les atterrissements, les « herbus », jusqu'au jour où le Couesnon revenait dévaster les enclos mal protégés par quelques talus. Au XVIIIe siècle, les opinions étaient partagées sur l'histoire des déplacements du Couesnon entre Moidrey et Saint-Georges. D'après un mémoire breton de 1769 (1) et un mémoire normand de 1775 (2), le fleuve s'était rapproché de l'église de Moidrey et des portions de cette paroisse s'étaient trouvées réunies au territoire de Saint-Georges; au contraire, d'après Dorotte, ingénieur des Ponts et Chaussées de Bretagne, le Couesnon s'était rapproché de Saint-Georges; il s'était ouvert un nouveau lit sur son territoire et avait ainsi séparé les petites Verdières de l'église paroissiale (3), mais les habitants de ce village étaient

(1) Mémoire cité *supra* de Marguerite Lemée, veuve Nérambourg, aux commissaires des domaines et contrôles. (Arch. d'Ille-et-Vilaine, C. 5226.)

(2) Mémoire de Tardif de Moidrey contre les projets de Quinette de la Hogue. (Arch. Nationales, R¹ 428.)

(3) Rapport adressé à l'intendant le 21 novembre 1776. (Arch. d'Ille-et-Vilaine, Intendance, 2e supplément, ancienne liasse 1 Z 114.)

restés fidèles à leur clocher, tandis que les anciens paroissiens de Moidrey s'étaient laissés annexer à la Bretagne. On ne doit pas attacher grande importance à ces assertions contradictoires produites pour la défense de certains intérêts particuliers. Si le Couesnon se déplaçait librement dans les grèves à partir du Pas au Bœuf, il n'en était pas tout à fait de même en amont de ce point. Il parait peu probable qu'aux environs des Verdières son lit ait subi des déplacements considérables.

En cet endroit, les deux rives appartenaient au même propriétaire. L'abbesse de Saint-Georges de Rennes possédait sur la rive gauche les fiefs des Mondrins et des Hautes Grèves et sur la rive droite des dîmes, des rentes féodales et quelques terres, notamment celle des grandes Verdières contiguë aux petites Verdières. Les terres de la rive bretonne avaient été données à l'abbaye au XI⁰ siècle en même temps que le prieuré de Saint-Georges de Gréhaigne dont elles dépendaient immédiatement (1). Le titre de propriété de Saint-Georges sur quelques fiefs et sur le tiers des dîmes de la paroisse de Moidrey n'a pas été conservé; il est impossible de le reconnaître ainsi qu'a voulu le faire un annotateur du Cartulaire de Saint-Georges (2) dans un

(1) Sur la fondation du prieuré de Saint-Georges de Gréhaigne, voir P. de la Bigne-Villeneuve, *Cartulaire de l'abbaye de Saint-Georges de Rennes*, Rennes, 1876, in-8°, et Guillotin de Corson, *Pouillé...*, t. II, p. 289.

(2) Un lecteur du XV⁰ siècle, trompé par le nom du donateur, a intitulé la charte LIV du Cartulaire « Dismes de Maedré, près Saint-Georges de Gréhaigne ». Cette identification a été adoptée par de la Bigne-Villeneuve (p. 153 et 174), qui écrit : « Le Beuvron... va en passant sous

acte de 1085 environ par lequel Robert de Maedre et Leiarde, sa femme, donnaient à l'abbaye un sixième de la dîme d'une terre située dans la vallée du Beuvron, probablement Longuève en Saint-Georges de Reintembault (1).

Les propriétés monastiques étaient singulièrement nombreuses dans la petite paroisse de Moidrey : le Mont Saint-Michel, Savigny, Rillé et Saint-Georges y possédaient des fiefs plus ou moins importants, provenant pour la plupart de dons de la famille de Fougères. Les fiefs de l'abbaye de Saint-Georges se prolongeaient en quelque sorte par des droits sur les grèves voisines. Les aveux rendus par l'abbesse ou par la prieure de Gréhaigne mentionnent leurs droits aux communs et gallois, le droit d'ancrage qui était de cinq sols par navire mouillant dans le Couesnon, le droit « de grève sablonneuse pour faire le sel ». Les religieuses évincèrent leurs vassaux qui, au XVᵉ siècle, possédaient un « droit de participation des communs et grèves à en jouir avec les autres hommes du fié » (2). En 1585, elles poursuivirent avec une extrême rigueur de malheureux paysans qui avaient enclos quelques lopins de

Saint-James se jeter dans la baie du Mont Saint-Michel, en se joignant à la Sélune. » Le cours et le confluent du Beuvron et l'embouchure de la Sélune sont très éloignés de Moidrey, où ne se trouve aucun ruisseau du nom de Beuvron.

(1) Les témoins de cette charte, Robertin Giffard, Jual de Lineriis, Herbertus de Sancto Georgio et Hamo de Flage, appartenaient à des familles dont les noms se retrouvent dans quantité d'actes du pays de Fougères.

(2) Ces clauses, ou d'autres analogues, se trouvent dans des aveux reçus par l'abbaye en 1492, 1494, 1495; elles n'existent pas dans les aveux plus récents. (Arch. d'Ille-et-Vilaine, 2 H 1 : 277.)

grève (1). L'abbesse de Saint-Georges et l'abbé du
Mont Saint-Michel partageaient les droits maritimes
sur l'embouchure du Couesnon et sur les grèves voisines, mais une partie des droits de l'abbé normand
lui venait de sa seigneurie de Mont-Rouaud en Bretagne (2) et, par contre, l'abbesse bretonne percevait
ses redevances sur la rive droite en qualité de dame
d'une paroisse normande. Une telle complication était
de nature à amener une certaine confusion entre les
circonscriptions paroissiales, que facilitaient encore la
communauté d'administration des biens que Saint-
Georges possédait sur les deux rives (3) et certains
droits d'usage réciproque exercés par les riverains sur
les verdières et les herbus (4).

Les petites Verdières étaient un médiocre domaine.
Le 6 février 1770, Judith de Chaumont-Guitry, abbesse
de Saint-Georges, représentée par Hyacinthe Davy de
Villée, procureur fiscal de Saint-Georges de Gréhaigne,
afféagea ce terrain vain et vague à Pierre-Thomas Serel, sieur des Forges, fermier général de la seigneurie

(1) Le présidial de Rennes donna gain de cause à l'abbesse le 11 juillet 1585. Le 25, un des condamnés, M. Busnel, promit de payer une amende
de deux écus d'or, et de détruire les talus ou de tenir les enclos en fief de
l'abbesse. (*Ibid.*)

(2) Mont Rouaud, prieuré, paroisse de Pleine-Fougères.

(3) Saint-Georges et Moidrey étaient ordinairement loués au même
fermier général, qui affermait en outre la recette de quelques rentes dues
à l'abbaye dans l'Avranchin, à Crollon, Juilley et Vergoncey. (Arch.
d'Ille-et-Vilaine, 2 H 1 : 275. La liasse 228 du même fonds renferme de
nombreux documents sur les dîmes que Saint-Georges levait à Moidrey.)

(4) *Verdière* a parfois le même sens que *Herbu* et désigne une grève rare-
ment couverte par la marée, sur laquelle croît une herbe propre à la
nourriture du bétail; mais de nombreux actes mentionnent des *verderiæ*
et des *verdières* situées fort loin de la mer, qui sont des prairies naturelles.

de Saint-Georges de Gréhaigne, à charge de payer an-
nuellement une redevance d'un demi-razeau de froment rouge par journal (1). Cet afféagement n'eut pas
de suite. L'abbesse de Saint-Georges qui avait concédé
au même Serel des Forges le marais de Moidrey voisin
des Verdières fut attaquée en justice par Tardif de
Moidrey, seigneur de la paroisse, et condamnée par une
sentence du 1er février 1773 (2). L'afféagement fut ré-
silié le 1er juillet 1774 (3).

Aux Verdières comme à Cendres, la division de la
France en départements ne changea rien à l'ancien état
de choses (4). Lors de la délimitation de Saint-Georges
de Gréhaigne faite le 1er juin 1807 en présence du
maire de Moidrey, les droits de la commune d'Ille-et-
Vilaine furent reconnus (5). Ce fut seulement en 1814
que le préfet de la Manche fit valoir les avantages incontestables que présentait la réunion de l'enclos à la commune de Moidrey. Le préfet d'Ille-et-Vilaine n'ayant
fait aucune objection, Louis XVIII signa le 2 novembre
1814 une ordonnance portant : « Les limites des départements d'Ille-et-Vilaine et de la Manche entre les com-

(1) Arch. d'Ille-et-Vilaine, 2 H 1 : 275.
(2) Archives Nationales, R¹, 428.
(3) Arch. d'Ille-et-Vilaine, 2 H 1 : 275. L'abbesse de Saint-Georges
paya à Serel des Forges une indemnité de 100 livres. Est-ce le souvenir
de son éviction qui inspirait à l'ancien concessionnaire les mêmes appré-
ciations sur les Normands exprimées dans sa lettre citée *supra* du 6 mai
1791 ?
(4) L'enclave des Verdières était trop minuscule pour être marquée
sur la carte de Cassini. — Le chanoine Pigeon (*Diocèse d'Avranches*, p. 429)
a consacré une note très inexacte à Cendres et aux Verdières : il fait de
ce village une dépendance de Pleine-Fougères, que cette commune aurait
cédée à la Manche en 1790 en échange des Marez-Fauves.
(5) Arch. d'Ille-et-Vilaine, 16 P 18.

munes de Saint-Georges de Gréhaigne et de Moidrey
sont fixées par la rivière de Couesnon. En conséquence
le terrain appelé les petites Verdières et l'herbage de
Bretagne... seront exclusivement imposés dans commune de Moidrey.

« Cette circonscription s'applique également à tout
ce qui concerne l'exercice du culte » (1).

III

LES GRÈVES DE LA BAIE DU MONT SAINT-MICHEL

Les cartes de la baie du Mont Saint-Michel vieilles
de quelques années (2) représentent l'état des côtes
telles qu'elles subsistèrent depuis le commencement du
Moyen Age, sinon depuis l'époque gallo-romaine, jusqu'au dernier tiers du XIXe siècle. Dans les grèves
de jadis, le Mont Saint-Michel était la seule borne im-
muable qui apprenait aux voyageurs et aux pèlerins
quand ils sortaient de Normandie pour entrer en Bretagne :

> « Lors chevaulchent la grève et le sablon,
> Et passèrent Seune et sesirent Coaynon;
> Ce sont dous aeves qui portent le dongeon
> Entre ly Normans et entre ly Breton ».

nous dit l'auteur du *Roman d'Aquin* (3).

La limite des deux pays au milieu des sables de la

(1) Arch. d'Ille-et-Vilaine, 15 M 1.

(2) La carte reproduite au commencement de cette étude donne l'état
des côtes à l'embouchure du Couesnon vers 1850.

(3) *Le Roman d'Aquin ou la conqueste de la Bretaigne par le Roy Char-
lemagne*, publ. par F. Jouon des Longrais, Nantes, 1880, in-8°, p. 4.

baie ne fut jamais explicitement établie, mais on admettait qu'elle suivait le cours du Couesnon. Ce fleuve présentait cependant ce défaut capital pour un fleuve-frontière de se déplacer constamment. L'opinion générale, tout au moins en Bretagne, était que les grèves où il errait devenaient *d'office* normandes ou bretonnes selon qu'il les laissait à sa droite ou à sa gauche. Pour taquiner leurs voisins de Normandie, les habitants de la côte bretonne affectaient même de croire que le Mont Saint-Michel devenait breton si le Couesnon s'avisait d'aller couler à l'Est. Il était rare que le fleuve passât dans cette direction; lorsque ce fait se produisit, il fut noté comme un événement mémorable par les annalistes du Mont (1). Bien entendu, il fut sans conséquence pour la nationalité du Mont Saint-Michel qui fut toujours et de tous temps normand.

Un dicton bien connu fut inspiré aux Bretons par le regret que le fleuve-frontière n'eût pas creusé un lit définitif à l'Est du célèbre sanctuaire :

> Si Couesnon a fait folie,
> Si est le Mont en Normandie.

Des historiens graves ont pris ce texte au sérieux et ils ont voulu y trouver le souvenir d'un temps où le

(1) « L'an mil IIII^cXX, la rivière de Caynon passa et courut lonc temps entre le Mont et Tumbelaine. » (*Chronique du Mont Saint-Michel*, publiée par S. Luce, Paris. 1879, in-8°, t. I, p. 22.) — La carte du marais de Dol dressée vers 1794 par Anfray et Gagelin (Arch. Nationales, Ille-et-Vilaine, N² 3), marque au bord des marais de Beauvoir « le dick au pied duquel le Couesnon coulait autrefois ». Les religieux du Mont Saint-Michel construisirent dès le XIIIe siècle des dicks ou digues pour préserver leurs terres de Beauvoir et d'Ardevon. (Cf. L. Delisle, *Etudes sur la condition de la classe agricole en Normandie*. Evreux, 1851, in-8°, p. 296.)

Mont Saint-Michel appartenait à la Bretagne (1); c'est
une acception contre laquelle protesta lors de la délimitation des polders le meilleur défenseur des intérêts
du département de la Manche. M. Lorin, directeur des
Contributions directes, assurait que le dicton « très
répété en Bretagne ne devait pas être accepté comme
l'indication d'un fait historique, mais peut-être bien
comme l'expression d'un regret qu'une merveille comme
le Mont Saint-Michel n'ait pas appartenu à la Bretagne,
séparée de la Normandie par le Couesnon; que l'histoire du Mont Saint-Michel était parfaitement connue;
qu'on y trouvait toujours des Normands comme fon-
dateurs, comme restaurateurs, comme défenseurs » (2)
La même idée sur le sens exact avait été déjà expri-
mée avec moins de vivacité par le vieux Dom Huynes,
historien impartial et désintéressé dans la question,
car il n'était ni Normand ni Breton, mais Picard :
« Les Bretons sont et ont esté de tout temps grandement marrys que ce Mont Saint-Michel est en Normandie et ont accusé souvent de folie le fleuve Couesnon,
lequel le sépare de leur province, d'où a pris son origine ce dicton parmi eux :

> Le Couesnon par sa folie
> A mis le Mont en Normandie.

(1) E. Dupont, *Le Mont Saint-Michel a-t-il été en Bretagne?* (*Revue du
Pays d'Aleth*, 1re année, novembre 1901).

(2) *Baie du Mont Saint-Michel. Délimitation......*, p. 23. Cette brève
réplique de M. Lorin ne reconnaît pas aux Bretons la part qui leur revient
dans l'histoire du Mont Saint-Michel. Les ducs et les seigneurs de Bretagne contribuèrent à la dotation de l'abbaye; les Malouins aidèrent les
Normands à faire lever aux Anglais le siège du Mont, ainsi qu'en témoigne
une précieuse lettre qui leur fut adressée le 6 août 1425 par Charles VII.
(Arch. de Saint-Malo.)

Et pour faire, s'il faut ainsy dire, retourner ce fleuve à son bon sens et le rendre sage, leurs ducs luy ont voulu faire prendre son cours par devers la Normandie et y ont employé beaucoup d'argent (1). Mais ce fleuve n'a pu estre empesché par tous ces grands travaux de suivre son cours ordinaire. Et de plus les Normands, non moins affectionnés envers cette église que les Bretons, asseurent et disent que :

> Quand Couesnon se change par folie
> Le Mont ne perd d'estre en Normandie (2).

Telles sont les pieuses affections de ces deux nations... » (3)

Ce dicton a eu une fortune singulière; l'idée du Couesnon-frontière a dominé le débat entre la Manche et l'Ille-et-Vilaine, mais la Manche choisissait le cours de 1790 ou celui de 1856 et l'Ille-et-Vilaine préférait le lit creusé en 1858, lit artificiel où le fleuve indocile avait été mis en quelque sorte de force.

Toutes les rivières de la baie du Mont Saint-Michel

(1) Nous avons vu que cette tradition est consignée dans le chapitre XVIII de l'*Histoire de Bretagne*, de B. d'Argentré; à moins qu'il ne s'agisse d'une simple tranchée ouverte dans les grèves, on ne comprend pas comment elle a pu prendre naissance. Les ducs de Bretagne ne possédaient pas l'Avranchin et ne pouvaient y creuser un canal. Les seigneurs de Fougères avaient des terres importantes sur la rive normande de la baie, mais il est invraisemblable qu'ils se soient efforcés de les faire visiter et dévaster par le Couesnon.

(2) D'après un autre dicton :

> Si bonne n'était la Normandie,
> Saint Michel n'y seroit mie.

(3) Dom Huynes. *Histoire générale de l'abbaye du Mont Saint-Michel...* pub. par E. de Robillard de Beaurepaire, Rouen, 1873, in-8°, t. II, p. 16.

avaient un cours aussi capricieux. L'abbé du Mont
Saint-Michel et le seigneur de Courtils finirent par
reconnaitre que la Guintre ou rivière de Courtils ne
pouvait facilement délimiter leurs seigneuries dans
les grèves. Le 22 juillet 1673 ils convinrent que leurs
fiefs respectifs seraient bornés par une ligne idéale déterminée par le Mont et par un point de repère pris
sur la côte de Courtils (1).

Nous avons vu que l'abbesse de Saint-Georges de
Rennes avait des droits sur les bords du Couesnon, à
Saint-Georges de Gréhaigne et à Moidrey; ailleurs, des
abbés ou des seigneurs de Normandie ou de Bretagne
possédaient également des privilèges de pêche, de chasse
et de saunage. Mais les droits les plus étendus appartenaient à l'abbé du Mont Saint-Michel tant à raison
de l'abbaye-mère que des prieurés fondés le long des
côtes normandes (Tombelaine, Genêts, Brion, Ardevon),
ou bretonnes (Montrouaud, Saint-Broladre, Saint Mé-
loir). Quantité d'actes ou d'arrêts le montrent exerçant
les droits d'ancrage, d'épave, de varech; il lève la dîme
sur les pêcheries ou les salines; il octroie à douze pê-
cheurs certains monopoles comme celui de pêcher la
menuise ou maniguette (2); il ne dédaigne pas de réclamer la propriété des toisons des moutons surpris et
noyés par la marée (3).

(1) Archives Nationales, R¹ 428.
(2) Acte de 1618. — La menuise ou mnise, sorte de petite sardine,
est appelée minette sur la côte bretonne.
(3) Les religieux réunirent en 1771 un grand nombre de pièces tendant à prouver qu'ils étaient propriétaires des grèves concédées en 1769
à Quinette de la Hogue. Ce dossier paraît avoir été en partie dispersé;

Dans tous ces actes, qui sont fort intéressants pour l'histoire de l'extension du régime féodal au domaine maritime, il est souvent impossible de reconnaître si l'abbé agit en qualité de seigneur breton, ou bien de seigneur normand. On peut dire qu'en fait les grèves étaient communes aux deux provinces. Il fallait des circonstances exceptionnelles pour que la question de nationalité se posât : on a vu qu'elle se présenta d'une façon très nette vers 1418 à l'occasion du pillage par les Anglais d'un navire échoué dans le Couesnon plus près de la côte bretonne que de la côte normande (1). Elle se serait présentée de nouveau et elle aurait dû être résolue si le fleuve avait été canalisé comme l'intérêt du marais des paroisses du Marais de Dol l'exigeait.

Lorsqu'à la suite de désastres survenus sur les côtes le Parlement de Bretagne s'empara de l'administration et de la police du Marais, il eut recours pour les nivellements et pour l'arpentage des terrains aux ingénieurs et soi-disant tels qu'il découvrit dans le pays.

En 1577, Philippe Eloy qui prenait les titres de maître-ingénieur, peintre et maître architecteur, présenta un projet de canalisation du Couesnon qui parut sans doute intéressant, car on le conserva au greffe

des actes relatifs aux droits maritimes se trouvent aux Archives de la Manche (H. fonds du Mont Saint-Michel, liasse 981); d'autres pièces, remontant au XVe siècle, sont aux Archives Nationales (R' 428.) — Voir aussi les mémoires des religieux et du comte d'Artois, leur cessionnaire, aux Archives d'Ille-et-Vilaine, C. 1916.)

(1) Voir *supra*. — Etait-ce les débris de ce navire que l'on revit en octobre 1851, après une tempête qui avait enlevé une grande quantité de sable au pied de la digue de Saint-Georges de Gréhaigne? (*Marais de Dol... Délibérations...*, t. II, p. 315.)

des Etats de Bretagne (1). Ce mémoire, fruit de six jours de travail, ne méritait guère cet honneur; on ne comprend pas que Philippe Eloy, qui avait collaboré à la canalisation de la Mayenne et de la Vilaine (2) et à des travaux maritimes à Dieppe, à Fécamp, au Havre et à Brest, ait pu présenter comme une entreprise facile et ne devant coûter que 12.000 livres la construction d'une digue barrant le lit du Couesnon au Pas au Bœuf et l'ouverture d'une tranchée qui aurait conduit la rivière à travers les marais herbus de Normandie jusqu'à la pointe de Carolles. P. Eloy paraît avoir ignoré l'existence de la Sée et de la Sélune. Plus singulier encore était le projet que l'on prête sans aucune preuve à l'éminent ingénieur hollandais Humfroy Bradley : il aurait proposé vers 1609 à Henri IV de construire entre Carolles et Cancale une digue qui aurait fermé à la marée l'accès de la baie du Mont Saint-Michel (3). H. Bradley dirigea des travaux de desséchement sur les côtes de paroisses doloises, mais qui ne se trouvaient pas dans le marais de Dol; ce fut lui qui, en 1620, acheva la conquête des alluvions fluviales

(1) Arch. d'Ille-et-Vilaine, C. 4912 (copie du XVIIe siècle).

(2) Il fut mandé de Laval à Rennes en 1567 avec l'ingénieur Pierre Guillot, pour étudier la canalisation de la Vilaine de Messac à Rennes. Il avait été déjà employé dans cette ville en 1565 aux travaux faits à l'occasion de l'entrée de Charles IX.

(3) Ce projet, attribué à « deux Hollandais, Umfroy et Bradley », est mentionné par l'abbé Manet (*État ancien de la Baie du Mont Saint-Michel*, p. 101). Ce passage d'un livre qui a mis en circulation une singulière quantité d'erreurs a été reproduit — avec le dédoublement d'Humfroy Bradley — par plusieurs auteurs, notamment Le Héricher (*Avranchin monumental et historique*, Avranches, 1846, in-8°, t. II, p. 591), et Pigeon (*Le Mont Saint-Michel et la Baronnie de Genets*, p. 333 et 377.)

et marines qui bordent les paroisses du Marais Vernier
et de Saint-Samson de la Roque, près de l'embouchure
de la Seine.

Les documents relatifs au marais de Dol font de
fréquentes allusions aux ravages causés par le Couesnon,
mais on ne trouve pas de projet sérieux pour arrêter la
cause du mal en l'enfermant dans un chenal. L'expé-
rience a montré que ce travail était moins difficile
qu'on se le figurait; mais sous l'ancien régime les ressources des habitants du marais étaient trop faibles
et les connaissances techniques des conseillers au Parlement qui dirigeaient leurs travaux étaient trop réduites pour qu'on put songer à l'entreprendre. On se
contenta de répéter en l'amplifiant une sorte de tradition relative à un projet de Vauban qui aurait voulu
conduire les eaux du Couesnon à la Rance par un canal
traversant le marais et l'isthme de Châteauneuf (1).
Lorsque les ministres eurent réussi à restreindre l'autorité du Parlement sur les marais et à donner une
place aux techniciens et aux ingénieurs des Ponts et
Chaussées, on pensa parfois à un canal direct de Pon-

(1) Les ingénieurs de l'ancien régime et tous les auteurs qui se sont
occupés du marais de Dol ont parlé de ce projet, mais personne n'a pu
découvrir le mémoire de Vauban. Nous avons trouvé aux Archives d'Ille-
et-Vilaine (série E, fonds Piré) la copie d'un rapport attribué à l'illustre
ingénieur qui concerne exclusivement l'Ouest du marais. L'auteur n'envi-
sage nullement le percement de l'isthme de Châteauneuf; il recommande
des travaux plus faciles, comme la jonction de la rivière de Miniac au
Bié Jean. Il est bien possible que, dans un autre mémoire, Vauban ait
développé l'idée plus ambitieuse qu'on lui attribue, mais il nous paraît
inadmissible de lui prêter le projet, comme a fait J.-J. Baude (*Les côtes de
France*, dans la *Revue des Deux Mondes*, t. X, 1851, p. 39-42), de joindre
les eaux de la Sélune et de la Sée à celles du Couesnon, pour les conduire
a la Rance.

torson ou du Pas au Bœuf au Mont Saint-Michel. Dans des mémoires de l'ingénieur Garengeau (1), on trouve quelques traces de cette idée que le défaut de ressources, l'indifférence des intéressés et peut-être l'opposition de la Normandie (2) firent abandonner.

On ne peut guère mentionner que pour mémoire un vague projet d'amélioration du cours du Couesnon depuis Antrain jusqu'à la mer qui fut élaboré vers 1759 par « un gentilhomme du pays » (3). Ce fut la concession d'une partie des grèves de la baie au Granvillais Jean Quinette de la Hogue qui rappela l'attention des administrateurs sur la situation du Couesnon. Cette concession demandée dès 1757 et accordée par arrêt du conseil du 30 juin 1769, eut la fortune rare de faire l'union entre les Normands et les Bretons. Les échevins d'Avranches, les religieux du Mont Saint-Michel, le seigneur de Moidrey et les Etats de Bretagne se communiquèrent leurs mémoires (4) et se prêtèrent un mutuel appui. Ces oppositions soulevèrent la ques-

(1) Arch. d'Ille-et-Vilaine, C. 4912.

(2) L'intendant de Caen, Foucault, raconte en ses *Mémoires* (publiés par Baudry, Paris, 1862, in-4°, p. 325) qu'il alla à Pontorson, en compagnie d'ingénieurs, au mois de juillet 1698, et que l'on constata que ce n'était pas le Couesnon qui mangeait ses rives, mais bien la mer qui faisait ce désordre. Il paraît difficile d'admettre que des ingénieurs se soient mépris à ce point sur la cause du mal; certes, le Couesnon ne pouvait à lui seul « manger ses rives », mais c'était lui qui ouvrait la voie à la mer. On ne pouvait faire de travaux de défense utiles et durables tant que son cours n'était pas fixé. Or, les Normands étaient peu disposés à collaborer à cette entreprise sans intérêt pour eux.

(3) *Corps d'observations de la Société d'Agriculture... de Bretagne*, année 1759-1760, Paris, 1772, in-8°, p. 381-383.

(4) Des exemplaires de ces mémoires imprimés se trouvent aux Archives d'Ille-et-Vilaine (C. 4916).

tion de propriété des grèves qui fut réclamée par les
religieux du Mont Saint-Michel, puis par le comte d'Artois à qui ils avaient cédé leurs droits. Il est à remarquer que la question de nationalité ou de « provin-
cialité » ne fut pas discutée; les Bretons ne protestèrent pas contre la clause de l'acte de concession portant que les terrains conquis sur la mer formeraient
un fief de haubert relevant du duché de Normandie.
Les actes produits par les religieux du Mont prouvaient
qu'ils tenaient leurs droits de propriété ou d'usage sur
les grèves de l'Est de la baie de seigneurs normands
et sur les marais du Pas au Bœuf et les grèves de
l'Ouest d'Alain, comte de Bretagne, et de seigneurs bretons (1). Quinette de la Hogue obtint d'abord gain de
cause et fut mis en possession des grèves le 1ᵉʳ septembre 1773, mais ses adversaires ne désarmèrent pas.
Harcelé de procès par les seigneurs et les propriétaires
riverains, maltraité parfois par les paysans, il ne put
exécuter qu'une faible partie de ses projets; la concession fut annulée le 25 ventôse an XIII (16 mars 1805),
mais les procès auxquels donna lieu l'arrêt du conseil
de 1769 durèrent encore quatre-vingts ans (2).

(1) De 1742 à 1769, les religieux afféagèrent à des particuliers de grandes
quantités de grèves herbues à Saint-Georges et à Roz, qui dépendaient
de leur prieuré de Montrouaut (Arch. de la Manche, II, fonds du Mont
Saint-Michel, liasses 150, 151, 981). Le 26 juin 1693, ils avaient été main-
tenus en possession de 110 journaux de marais au Pas au Bœuf et de
la moitié du lit du Couesnon par ordonnance des commissaires réforma-
teurs du papier terrier du domaine de Rennes. (Arch. de la Loire-Inférieure, B. 2225.)

(2) Les procès Quinette furent continués par les procès Combes, et par le
procès fameux dans l'histoire du droit domanial (1833-1882) de Mˡˡᵉ Pal-
lix, fille d'un acquéreur de bonne foi du concessionnaire déchu en 1805,

Le concessionnaire s'était engagé à construire au
Sud de ses enclos une digue qui paraissait devoir for-
mer en face du remblai du marais de Dol un chenal
pour le Couesnon, chenal bien insuffisant et plus nuisi-
ble qu'utile : il n'aurait pu recevoir le flot de la marée
montante qui aurait été rejeté vers la côte bretonne, par
l'énorme obstacle formé par les enclos (1). Les doléances
des Bretons étaient légitimes et fondées; un contre-
projet fut préparé par l'ingénieur des Ponts et Chaussées Dorotte, chargé de veiller aux travaux du marais
de Dol. Il proposa d'ouvrir une tranchée au canal ou
plutôt une tranchée partant du coin à la Foërolle (anse
de Moidrey), allant d'abord au Nord-Ouest pendant
650 toises, puis retournant à travers les grèves herbues de Beauvoir dans la direction du Mont Saint-
Michel. Ainsi, pour le plus grand profit des terres bretonnes, l'emplacement du chenal aurait été pris aux
Normands qui auraient été ensuite affligés du fâcheux
voisinage du Couesnon. Une opposition de la province

contre l'État, la Compagnie des Polders de l'Ouest et autres. Ces procès
ont donné lieu à de nombreux mémoires historico-juridiques qu'il est
impossible d'énumérer ici. Nous noterons seulement que des erreurs
existent dans la notice de J. Deschamps du Manoir sur *Messieurs Quinette de la Hogue et leurs concessions dans la baie du Mont Saint-Michel*
(brochure in-1°, Avranches, 1864). Des cartes intéressantes de l'embouchure du Couesnon se trouvent dans une *Note explicative pour M. le
Préfet de la Manche*, présentée à la Cour impériale de Paris (Saint-Lô,
1861, in-1°). Enfin, M. Galpin a donné un exposé très clair des procès
Quinette-Pallix de 1769 à 1888 dans le *Rapport au sujet du projet de loi
sur le rachat des tanguières de Moidrey* (Journal Officiel, 1888, Chambres,
annexes, t. III, p. 396-398).

(1) La carte jointe à l'acte de concession manquait de précision; quant
à celle que l'on trouve dans un mémoire de Quinette contre les États de
Bretagne et autres (Arch. d'Ille-et-Vilaine, C. 4912), elle est tendan-
cieusement inexacte.

voisine était certaine : aussi l'étude du projet fut-elle faite en grand secret. Dorotte écrivait le 27 juin 1776 : « J'aurais cru m'exposer à quelque mauvaise affaire en allant en Normandie lever le plan du terrain sur lequel nous désirons établir la rivière de Couesnon. Cette opération eut d'ailleurs été très longue et aurait découvert ce projet que nous avons intérêt à ne point laisser éventer aux Normands... » Il s'était donc servi pour ses études d'une carte qu'il jugeait assez bonne. Le projet Dorotte fut soumis au ministre par les députés des Etats et l'intendant qui demandaient un arrêt du Conseil ordonnant l'exécution et autorisant la levée de quelques centaines de corvoyeurs. Comme c'était son devoir, le contrôleur général communiqua le mémoire à l'intendant de la généralité limitrophe qui présenta de fortes objections d'ordre technique. Il fit valoir en outre des considérations analogues à celles que les représentants de la Manche devaient opposer au XIXᵉ siècle aux représentants de l'Ille-et-Vilaine : si le Couesnon forme à son embouchure la limite naturelle des provinces de Bretagne et de Normandie, il serait injuste d'étendre l'une de ces provinces en resserrant l'autre...; les terrains que le Couesnon laisserait à sa gauche sont loin d'être sans valeur et ils en prendraient une très grande si les projets d'end'guement étaient réalisés. Une visite des lieux faite le 26 novembre 1776 par les ingénieurs en chef de Rennes et de Caen, Frignet et Le Fèvre, accompagnés du commissaire des Etats à Dol, Rever de la Patinière, fit constater que le projet de Dorotte ne méritait pas d'être exécuté, car une seule marée aurait pu niveler la tranchée non protégée par des enrochements où il voulait conduire le Couesnon. Les ingénieurs déclaraient préférer « le projet attribué à M. de Vauban », mais ils évaluaient les frais d'exécution à 1.800.000 livres, somme infiniment supérieure aux ressources que procuraient les subventions irrégulières des Etats et la taxe établie sur les propriétaires de l'enclos submersible. Le projet fut abandonné (1); la Commission intermédiaire écarta également l'offre de Gaud-Pierre Quinette de Cloisel, fils cadet de Jean Quinette de la Hogue, qui offrait d'enclore une longue bande de grève en avant de la vieille digue du marais depuis Saint-Benoit des Ondes jusqu'à Saint-Georges de Gréhaigne (2); on se borna à protéger les enclos par les procédés traditionnels — renforcement des digues, construction d'épis, etc. — qui étaient trop souvent insuffisants, quoique toujours très onéreux.

La Révolution supprima les corps administratifs et judiciaires qui veillaient à la police du marais de Dol; les digues mal entretenues cédèrent sur plusieurs points. Les doléances adressées par les habitants à l'Assemblée Constituante et à la Convention obtinrent une apparente atisfaction par les décrets des 22-26 janvier 1791,

(1) Sur le projet Dorotte, voir Archives du Calvados, C. 1072, et Archives d'Ille-et-Vilaine, C. 3828, p. 901, 1011, 1250, 1260; C. 4912 et C. Intendance 2ᵉ supplément, ancienne liasse 1 Z 111. — Quelques années plus tard, Dorotte dirigea d'utiles travaux d'endiguements sur le littoral de l'ile de Noirmoutiers. Cf. Clouzot *Les modifications du littoral de Noirmoutiers*, dans *la Géographie*, 1ᵉʳ janvier 1913.

(2) Arch. d'Ille-et-Vilaine, C. 4016.

17-27 avril 1792, 24 février 1793 qui accordèrent quelques secours et prescrivirent des enquêtes sur les causes des désastres. Les ingénieurs des Ponts et Chaussées et les représentants élus du pays établirent une fois de plus qu'aucun résultat décisif ne pourrait être obtenu tant que le Couesnon n'aurait pas été éloigné des digues et canalisé; les ingénieurs Aufray et Gagelin, après avoir minutieusement étudié toutes les parties du marais, présentèrent un double plan qui subsiste aux Archives Nationales (1); on y voit le tracé d'un canal de Pontorson à la Rance dressé d'après le légendaire projet de M. de Vauban (2) et celui d'un chenal qui se rendait directement, ainsi que l'avait proposé Dorotte, de l'anse de la Foërolle au Mont Saint-Michel (3).

Le second tracé fut préféré et, en exécution d'un arrêté des consuls du 25 thermidor an VIII (13 août 1800) et d'une loi du 18 floréal an X (8 mai 1802), la construction du canal fut adjugée par traité du 30 prairial an X (18 juin 1802) à Savergne et Combes que remplaça plus tard Gaud-Pierre Quinette de la Hogue. Il est à noter que le Couesnon devait joindre la Sélune près de la tour Boucle (4), c'est-à-dire à l'Est du Mont

(1) Cote Ille-et-Vilaine : N° 5.

(2) On envisagea aussi la possibilité de conduire le Couesnon au Vivier; on évitait ainsi le percement de l'isthme de Châteauneuf.

(3) Toutes les communes du pays de Dol, même celles qui n'avaient pas d'intérêt direct à la conservation du marais, appuyèrent la demande de construction du canal. Voir, par exemple, aux Archives communales de Saints et de Saint-Suliac les délibérations municipales en mois d'août 1792.

(4) La tour Boucle se trouve à 15 ou 20 mètres au Sud de la belle tour du Nord, qui, malgré son nom, est à l'Est du Mont. Elle est appelée tour du Nord parce qu'elle est la plus septentrionale des tours de l'enceinte.

Saint-Michel; si le projet avait été exécuté, la prétendue folie du Couesnon aurait été enfin réparée. Mais le canal dont les travaux avaient été assez activement poussés en 1804 et 1805 ne fut jamais achevé; les marées des mois de juillet, août et septembre 1806 détruisirent les digues et la tranchée. Les entrepreneurs ne trouvaient pas d'ouvriers dans le pays; quatre ateliers de déserteurs fournis par l'État étaient difficiles à conduire. De plus, Combes et ses associés se plaignaient du mauvais vouloir des fonctionnaires normands qui, depuis le préfet de Saint-Lô jusqu'au maréchal des logis de la gendarmerie de Pontorson, leur refusaient aide et protection et même favorisaient l'indiscipline des ouvriers et les résistances des paysans (1). Les travaux furent repris en 1807 et continués pendant quelques années, mais sans succès durable. Le Couesnon toujours libre continua à faire la désolation de ses riverains de l'Ouest. Pendant qu'il dévastait les côtes bretonnes, les habitants de la côte normande faisaient de belles enclotures; nous ignorons quelle était leur superficie totale, mais les actes relatifs à la confection du cadastre établissent qu'en 1817 les terrains soumis à l'impôt s'étendaient sur 238 hectares dans la commune du Mont Saint-Michel (2) et sur 339 dans celle de Beauvoir.

(1) La surveillance des travaux fut confiée au préfet d'Ille-et-Vilaine; les Archives de ce département possèdent d'intéressants dossiers sur l'entreprise Combes-Quinette (Liasse 9 S 1 : 3).

(2) On lit dans la plupart des Guides que la commune du Mont Saint-Michel ne comprend que le célèbre rocher; c'est une erreur : elle s'étend sur les grèves et sur une partie des enclos ou des polders.

Lorsqu'à partir de 1815 environ, le fleuve se dirigea vers le Nord-Est, tous ces terrains disparurent ainsi qu'une partie des enclos exécutés au XVIII⁰ siècle en vertu des afféagements normands (1) consentis par les religieux du Mont Saint-Michel. 1.000 hectares environ furent engloutis en 1826 (2).

Pendant la première moitié du XIX⁰ siècle, les procès-verbaux de l'Association du Marais de Dol ne sont qu'une longue suite de doléances sur les ravages causés par la rivière qui longeait la côte et sapait le pied des digues jusqu'à la chapelle Sainte-Anne; l'association qui avait contribué pour une forte somme à l'essai de canalisation de 1802-1806 se bornait à gémir et à invoquer l'appui des pouvoirs publics. Elle appuya le projet de Bouessel et Richer qui proposaient de joindre le Couesnon à la Sélune par un canal allant des Millardières à la Roche-Torin. Cette nouvelle manifestation du vieux désir des Bretons de se débarrasser du Couesnon en le rejetant sur les terres de leurs voisins fut condamnée en 1820 par une décision du directeur général des Ponts et Chaussées (3). D'autre part, l'enlèvement inconsidéré des tangues dans l'estuaire et à proximité des digues facilitait les progrès de la mer : on sait la valeur, peut-être exagérée, que les cultiva-

(1) Les religieux du Mont Saint-Michel avaient afféagé les grèves de la baronnie normande d'Ardevon à la même époque que les grèves de leur prieuré breton de Mont-Rouaut.

(2) On trouve une jolie description des enclos, en partie détruits par les flots, dans l'*Avranchin monumental et historique* de Le Héricher (Avranches, 1846, in-8⁰, t. II, p. 163-165).

(3) Délibérations de l'Association du Marais de Dol, t. II, p. 345, 371, 403.

teurs de Bretagne et de Normandie attachent à la tangue. La crainte d'être privée de cet amendement provoqua en 1855 une certaine opposition de l'association
à la demande de concession de MM. Donon et Mosselman, mais l'année suivante, le conseil administratif,
mieux éclairé, se rallia avec enthousiasme au projet qui
par la canalisation du Couesnon, condition essentielle
de la concession, promettait d'assurer enfin la sécurité
de tout l'Ouest du Marais.

Une première demande de concession présentée en
1853 par MM. Mosselman et Donon comprenait presque toutes les grèves de la baie du Mont et de la baie
du Veys à l'embouchure de la Vire. Cette demande
provoqua plus de 20.000 oppositions individuelles et
les délibérations contraires de 321 conseils municipaux,
dont 143 des arrondissements d'Avranches et de Mortain (1). La plupart des opposants exprimaient la crainte
que la conquête des grèves les privât de la tangue ou
que les travaux de défense exécutés sur certains points
du rivage rejetassent l'effort de la mer sur les côtes
voisines. Un mémoire défendit aussi le maintien de
l'état ancien de la Baie du Mont Saint-Michel, au triple
point de vue de l'archéologie, de l'art et de l'histoire (2).
Est-il besoin de dire que de tous les opposants, E. Le

(1) *Note explicative pour M. le Préfet de la Manche...*, Saint-Lô, 1864,
p. 55 et 78. — Cette note est complétée par deux plans très utiles; on y
voit le périmètre de la concession Quinette, les enclos faits par ce concessionnaire et par les riverains, de 1777 à 1798, le tracé du canal Combes,
enfin l'état de la baie en 1856.
(2) Mémoire d'E. Le Héricher au tome II des Mémoires de la Société
Archéologique d'Avranches.

Héricher était celui qui avait le moins de chance d'être écouté?

Réduite à des proportions plus raisonnables, la demande de concession fut encore critiquée par 119 conseils municipaux sur 124 des environs du Mont (1). Toutes les résistances furent vaines. Un décret du 21 juillet 1856 concéda à MM. Mosselman et Donon, remplacés en 1867 par la Compagnie des Polders de l'Ouest, « outre les enclos domaniaux voisins de l'anse de Moidrey et affermés par le Domaine, tous les terrains herbus et non herbus, amodiés et non amodiés, limités du côté du large par deux lignes droites dirigées l'une de la chapelle Sainte-Anne sur le Mont Saint-Michel et l'autre du Mont Saint-Michel vers la pointe de Roche-Torin..., et du côté des terres, successivement par les digues dites de Dol, depuis les abords de la chapelle Sainte-Anne jusqu'à la pointe du Pas aux Bœufs, une ligne joignant la pointe du Pas aux Bœufs à la pointe au Bas-Coin... » et les clôtures des enclos domaniaux et particuliers jusqu'à l'embouchure de la Guintre.

L'art. 3 stipulait que les concessionnaires créeraient dans le délai de cinq ans un nouveau chenal pour le Couesnon (2) partant du Bas-Coin et aboutissant à l'Ouest

---

(1) M. Vachon, *Le Mont Saint-Michel*, publication du Comité des Sites du Touring-Club. Paris, s. d., broch. in-4°, p. 8.

(2) La digue insubmersible construite en 1880 a facilité le colmatage de la baie; tout le monde parle de cette digue et la rend responsable des déplorables changements d'aspect des abords du Mont. Mais, c'est la construction du chenal, dont personne ne parle, qui a rendu possible les endiguements.

du Mont Saint-Michel. Le chenal fut construit en 1858; dès lors les progrès des concessionnaires furent rapides, sauf sur les grèves à l'Est du Couesnon qu'ils remirent à l'État en 1867. La concession comprenait environ 2.828 hectares de grèves; en 1879, 1.450 étaient cultivés; présentement 483 hectares seulement restent, croyons-nous, à conquérir (1). On peut prévoir qu'avant peu d'années le Mont Saint-Michel sera devenu le point de jonction de deux digues, l'une longue de 12 kilomètres venant de la chapelle Sainte-Anne (commune de Saint-Broladre), l'autre longue de 6.200 mètres partant de la Roche-Torin (commune de Courtils); la première bordera les enclos de la Compagnie des Polders, l'autre assurera le colmatage des terrains de la rive droite. Enfin dans un avenir plus éloigné, lorsqu'à l'exemple du Couesnon, la Sée, la Sélune, la Guintre auront été enclos dans des chenaux vaseux, rien ne s'opposera plus à ce que toute la baie du Mont Saint-Michel devienne une immense plaine couverte de cultures rémunératrices, mais dénuées de beauté. Est-il permis d'espérer que les vœux véritablement bien modestes des artistes et des historiens seront exaucés, que quelques hectares seront épargnés, que l'on consentira à ménager autour de la « Merveille de l'Occident » une sorte de réserve tangueuse analogue à celle que les cultivateurs ont obtenu dans l'anse de Moidrey? (2)

(1) Cf. le rapport de M. J. Cosmi, ingénieur en chef, au préfet de la Manche, du 15 juillet 1912, dans le volume des procès-verbaux et rapports du Conseil Général de la Manche, session d'août 1912.

(2) Mais si on réserve les considérations esthétiques et historiques, on doit reconnaître que les travaux de la Compagnie des Polders constituent

Comme les terrains conquis par la Compagnie des Polders n'appartenaient officiellement à aucune circonscription départementale et communale, les intérêts financiers et les obligations de l'état-civil firent envisager dès 1873 la nécessité d'un partage entre les départements limitrophes (1).

Les représentants de l'Ille-et-Vilaine trouvèrent en M. Brune, conseiller général de Pleine-Fougères, un porte-paroles extrêmement tenace. Il réclamait que le nouveau lit du Couesnon formât la frontière des deux départements parce que ce fleuve était la limite traditionnelle des provinces, parce que les terrains conquis avaient fait jadis partie de la Bretagne (à une date ou à une époque indéterminée) et parce que les habitants des enclos avaient toutes leurs relations civiles et religieuses avec Roz et Saint-Georges et non pas avec les communes normandes plus éloignées et d'accès plus difficile.

M. Lorin, directeur des Contributions directes à Saint-Lô, fut le défenseur habile et éclairé des intérêts de la Manche (2). Une Commission syndicale formée de con-

une œuvre très remarquable et pratiquement très utile, car ils défendent le marais de Dol contre les ravages de la mer et du Couesnon. De plus, les admirables cultures des enclos fournissent aux paysans des exemples et des modèles qui ont grandement contribué au progrès de l'agriculture dans le pays de Dol.

(1) L'intérêt des officiers ministériels d'Avranches et de Pontorson, de Saint-Malo et de Pleine-Fougères demandait que leurs circonscriptions respectives ne fussent pas indûment réduites; enfin, les représentants et les administrateurs des deux départements désiraient par amour-propre (amour-propre bien naturel et légitime) que leurs territoires bénéficiassent dans une large mesure de l'augmentation du terrain habitable et imposable.

(2) Les rapports de M. Lorin et les principales pièces du débat sont

seillers municipaux du canton de Pontorson demanda
en 1879 que le département d'Ille-et-Vilaine fût borné
par l'ancienne digue des marais de Dol; ils appuyaient
cette proposition de cette considération inattendue que
si la Bretagne avait eu des droits sur les grèves, elle
les aurait encloses dans ses digues. Les habitants
de la Manche abandonnèrent bientôt cette thèse peu
défendable. Le Conseil d'Etat ayant émis l'avis le
8 février 1882 que les territoires indivis devaient
être partagés suivant une ligne qui en attribuait
la moitié environ à chaque département et qui coïn-
cidait approximativement avec le cours du Couesnon vers 1856, M. Lorin et les conseillers généraux
de la Manche adoptèrent cette base de discussion;
ils laissaient donc à l'Ille-et-Vilaine la moitié de l'objet du litige, « imitant en cela la fausse mère jugée
par Salomon », disait M. Brune. Mais ils avaient
soin de faire valoir qu'en s'inclinant devant l'avis
du Conseil d'Etat, ils donnaient un témoignage
d'extrême bon vouloir, car la carte de délimitation des départements du 26 février 1790 leur aurait
permis de revendiquer des terrains plus éloignés vers
l'Ouest; sur cette carte, en effet, le liseré jaune, limite

insérés dans cette intéressante brochure : Département de la Manche,
Baie du Mont Saint-Michel. Délimitation entre le département de la Manche et celui d'Ille-et-Vilaine. Documents à l'appui de la délimitation
proposée par le département de la Manche et adoptée par la section de
l'intérieur du Conseil d'Etat. Saint-Lô, 1887, 56 p. in-4°. Deux plans
représentent, l'un la baie du Mont Saint-Michel avant les endiguements
(concession Quinette, cours du Couesnon en 1790, 1805, 1833, etc.); l'autre, les polders (limite demandée par la Manche); enfin, on a reproduit
en fac-similé la carte de délimitation des départements en 1790 et la
carte du diocèse de Coutances en 1802.

légale de l'Ille-et-Vilaine, suivait le Couesnon qui longeait à cette époque les digues du marais jusqu'au village des Quatre-Salines et remontait ensuite vers le Nord-Ouest. Ils refusaient toute autre concession; invoquant le principe *Spoliatus ante omnia restituendus*, ils s'indignaient que leurs adversaires demandassent des terrains qui, en 1815, avaient été cadastrés dans le département de la Manche. Parmi ces terrains, les uns avaient été temporairement recouverts par les flots, mais ils étaient reconquis par la Compagnie des Polders; les autres avaient été épargnés par la mer. Le fait que le canal creusé en partie dans des terres normandes les séparait de leur église et de la mairie n'empêchait pas qu'ils appartinssent toujours aux communes de Beauvoir ou de Moidrey. Le département de la Manche avait contribué pour une forte somme à la canalisation du Couesnon; ses représentants trouvaient particulièrement amer que leur générosité qui avait eu de si heureux effets pour la sécurité du marais de Dol pût occasionner pour leur pays une diminution de territoire. On niait aussi que les polders fussent séparés des communes de la rive droite par un obstacle à tout jamais infranchissable. L'engagement moral de construire à Beauvoir un pont sur le Couesnon fut pris en 1886. Enfin l'évêque de Coutances protesta contre toute décision qui lui enlèverait quelques-uns de ses diocésains et il produisit la carte délivrée à Paris le 10 avril 1802 par le cardinal légat Caprara qui limitait les diocèses de Rennes et de Coutances par le cours du Couesnon tel qu'il est figuré sur la carte de Cassini.

Dans cette controverse, l'attitude adoptée par chacune des parties en présence fut très différente. La Manche accéda en principe à l'avis du Conseil d'Etat; elle provoqua la réunion d'une Commission interdépartementale qui siégea à Pontorson le 18 juillet 1886; elle discuta minutieusement toutes les assertions insérées dans les rapports publiés en Ille-et-Vilaine. Au contraire, le Conseil Général de ce département resta obstinément fidèle à ses premières demandes; les conseillers qui se rendirent à la réunion de Pontorson firent connaître qu'ils avaient le mandat impératif de refuser toute concession et de réclamer tout le territoire situé à l'Ouest du Couesnon, aussi bien les nouveaux enclos de la Compagnie des Polders que les terrains cadastrés à Beauvoir, à Moidrey et au Mont Saint-Michel. Ils refusèrent même de visiter en compagnie des Normands le territoire litigieux.

Au cours de la conférence et pendant la session du Conseil Général, des arguments furent présentés pour étayer ces prétentions; comme ils furent empruntés au livre de l'abbé Manet : *Etat ancien de la Baie du Mont Saint-Michel*, on peut dire que l'Ille-et-Vilaine fut mal défendue. Au lieu de chercher dans un ouvrage sans valeur des renseignements qui, après vérification, sont presque toujours reconnus inexacts, de présenter comme des vérités indiscutables des assertions qui ne résistent pas à l'examen et de paraphraser le vieux dicton sur le Couesnon, on aurait dû suivre l'exemple donné par la partie adverse et soumettre à une critique exacte les documents qu'elle produisait. On aurait facilement établi que la carte de délimitation des départements ne faisait pas connaître de façon certaine l'emplacement exact du fleuve-frontière en 1790, puisque le géographe avait pris soin d'inscrire en travers de son tracé du cours dans les grèves du Couesnon, de la Sée et de la Sélune, ces mots : « Courants qui varient beaucoup » ; on n'oublia pas de faire remarquer que le cadastre avait été dressé en 1815 dans la Manche sans que les communes limitrophes du département d'Ille-et-Vilaine eussent été convoquées, mais on insista surtout sur cette considération que la Bretagne avait perdu jadis quelques paroisses détruites par la mer et qu'elle devait par conséquent bénéficier des terrains conquis ou reconquis sur les flots. Le livre de l'abbé Manet avait naturellement fourni l'histoire et la liste de ces paroisses : Saint-Louis, Mauny, La Faillette, Bourgneuf, Taumen, Sainte-Marie, Saint-Etienne de Paluel. Or, cinq au moins de ces paroisses n'ont jamais existé, et Paluel, la seule dont l'emplacement soit connu, se trouvait dans le territoire que la Manche ne disputait pas à l'Ille-et-Vilaine. Au lieu d'opposer de vagues légendes à des textes précis, on aurait mieux fait de consulter quelques dossiers d'archives qui auraient permis de prouver que certains enclos de peu d'étendue, mais de grande valeur, occupent l'emplacement de grèves bretonnes jadis soumises aux droits seigneuriaux des prieurés bretons de Montrouault et de Saint-Georges de Gréhaigne (1).

(1) Archives de la Manche, série H, fonds du Mont Saint-Michel, liasses 150, 151, 981. — Arch. d'Ille-et-Vilaine, 2 H 1 277. — Il est surprenant

La loi du 1er août 1888 (1) fixa enfin la limite des deux départements. La frontière est à peu de chose près celle qui avait été indiquée par le Conseil d'Etat et admise par la Manche; elle attribue à l'Ille-et-Vilaine 200 hectares environ de plus qu'à la Manche (2). Le débornement exécuté le 22 janvier 1889 paraît avoir terminé toutes les contestations bien qu'en 1890, 1891 et 1899 quelques protestations se soient encore produites en Bretagne contre la nouvelle frontière.

que les représentants de l'Ille-et-Vilaine n'aient même pas produit le texte de l'ordonnance du 2 novembre 1811, relative aux petites Verdières :

« Les limites des départements d'Ille-et-Vilaine entre les communes de Saint-Georges de Gréhaigne et de Moidrey sont fixées par la rivière de Couesnon. »

(1) Cette loi fut votée le 17 mars à la Chambre et le 11 juillet au Sénat, après un intéressant rapport de M. Chovet (*Officiel*, 1888, Sénat, annexes, t. II, p. 101-105).

(2) La Manche n'a pu obtenir la ferme et la partie Sud du polder Mosselman. En somme, la limite suit aussi exactement que possible le cours du Couesnon en 1825, époque de la confection du cadastre des communes normandes.

IMPRIMERIE DU « JOURNAL DE RENNES »

www.ingramcontent.com/pod-product-compliance
Lightning Source LLC
LaVergne TN
LVHW021858170726
843503LV00003B/1284